프란치스칸 영성

가난과 겸손을 동반한 여정

Giovanni Iammarrone
LA SPIRITUALITÀ FRANCESCANA
ANIMA E CONTENUTI FONDAMENTALI
Una proposta cristiana di vita per il presente
ⓒ Edizioni Messaggero Padova 1993

프란치스칸 영성

가난과 겸손을 동반한 여정

교회 인가 | 2014년 9월 22일
초판 발행 | 2007년 2월 2일
2판 1쇄 | 2016년 6월 7일

지은이 | G. 얌마로네
옮긴이 | 윤지형
펴낸이 | 호명환
만든이 | 이상호
만든곳 | 프란치스코출판사(제2-4072호)
주 소 | 서울시 중구 정동길 9
전 화 | (02) 6325-5600
팩 스 | (02) 6325-5100
이메일 | franciscanpress@hanmail.net

ISBN 978-89-91809-08-6-93230

정 가 | 10,000

프란치스칸 영성
가난과 겸손을 동반한 여정

G. 얌마로네 지음

윤지형 옮김

차례

차례 5
옮긴이의 말 8
머리말 10
약어표 12

제1장 영성 17

    1. 영성 - 성령을 따르는 삶 17
    2. 영성 - 신앙으로 사는 삶 / 신학적 성찰이자 훈련 과정 23
    3. 크리스천 영성의 다양한 실현 과정과 프란치스칸 영성 26

제2장 프란치스칸 영성의 구조 33

제3장 프란치스칸 영성의 구성 요소에 대한 종합적 연구 39

제4장 프란치스칸 영성의 특징 53

제5장 성 프란치스코의 크리스천 근본 체험 63

    1. 성 프란치스코 영성의 원(原)체험인 가난하고 겸손하신
       예수 그리스도 63
    2. 프란치스칸 영성 안에서 드러나는 예수 그리스도 72

제6장 하느님　79

　　1. 가난하고 겸손하고 자신을 낮추시는 하느님　79
　　2. 프란치스칸 영성 역사 안에서 체험한 하느님　93

제7장 교회　103

　　1. 프란치스코가 본 교회　103
　　2. 세기의 흐름 동안 이어져온 프란치스칸 가족의 교회 영성　119

제8장 하느님의 말씀과 성체성사　123

　　1. 성 프란치스코와 프란치스칸 삶 속에서 드러나는
　　　 하느님 말씀에 대한 영성　124
　　2. 프란치스코의 성체 영성　130
　　3. 프란치스칸 영성 안에서 실현해 온 성체 영성　139

제9장 마리아　143

　　1. 영광스러운 어머니이며 가난하신 동정 마리아　143
　　2. 프란치스칸 영성 안에서 본 마리아　150

제10장 프란치스칸 인간　157

　　1. 프란치스코의 인간 체험　157
　　2. 세기의 흐름 동안 프란치스칸 영성 안에서 드러난 인간　170

제11장 오늘의 프란치스칸 영성   175

  1. 현대 세계의 문화 특징과 현상   175
  2. 오늘날 크리스천 영성의 중요한 특징과 경향   181

제12장 현재와 미래를 위한 프란치스칸 영성의 여러 요소   191

  1. 가난하고 겸손하고 십자가에 못박히신 예수 그리스도를
     체험함   191

  2. 겸손하고 가난하고 자신을 낮추시는 하느님을 체험하고
     증언함   193

  3. 가난하신 동정 성모 마리아의 모범을 본받아 가난과 기쁨
     속에서 하느님 나라를 향해 회개 여정을 걷는 백성인
     교회를 체험함   196

  4. 충돌과 폭력이 난무하는 세상에서 평화 증진 활동으로
     형제애를 증언하고 제시함   198

  5. 해방을 위해 투쟁하고 있는 가난하고 소외된 이들과
     연대함   200

  6. 더욱 살만한 환경을 만들기 위해 이바지하는 영성   203

  7. 창조주 하느님 안에서 세상 실재에 대한 신비 체험   206

  8. 불확실하고 낯선 곳을 향해 열려 있는 '지상 순례'의 영성   208

옮긴이의 말

아씨시의 프란치스코 성인은 인류 역사, 특히 교회의 삶 속에서 특출한 인물 가운데 한 분이다. 성인이 실현했던 영성 체험의 본질적이고 특징적인 요소는, 그분이 남긴 삶의 모범과 글뿐 아니라 그의 형제들과 제자들이 역사를 통해 증언해 왔던 내용을 바탕으로 언제나 더 깊이 심화되고 연구되어 왔다.

이 책의 목적은 프란치스코 성인의 영성이 지닌 본질적인 내용을 체계적이고 종합적인 방법으로 설명하고, 프란치스코가 살았던 교회, 문화 상황이 시대적으로 멀리 떨어진 오늘날에도 여전히 의미를 지니고 있는 프란치스칸 영성의 풍요로움을 드러내는 데 있다. 프란치스칸 영성은 복음 자체에 뿌리를 두고 있기에 시대와 장소를 뛰어넘어 인간에게 언제나 가치가 있다.

저자 죠반니 얌마로네(Giovanni Iammarrone)는 꼰벤뚜알 프란치스코 수도회 신부로서 로마 교황청 성 보나벤투라 신학대학의 신학적 인간학, 그리스도론, 프란치스칸 신학 교수이자 교황청 라테라노 대학 교수로 프란치스칸 영성의 핵심 정신을 더 잘 이해하고 실현하기를 바라는 이들을 위해 이 책을 썼다. 이 책은 개인 묵상을 위해서도 좋은 자양분을 제공해 줄 것이다.

책을 펴내는 과정에 함께해 주신 분들과 꼰벤뚜알 프란치스코회 한국 관구의 모든 형제들에게 마음 깊이 감사한다.

2006년 8월 15일
성모 승천 대축일에
윤지형(프란치스코) OFM conv.

머리말

이 책은 프란치스칸 영성을 종합적이고 체계적으로 보여주면서 오늘날 교회, 문화 상황 속에서 프란치스칸 영성을 어떻게 실현할 수 있을지 그 가능성을 전망해 보려고 썼다. 마지막 두 장 가운데 한 장은 오늘날 그리스도교 영성과 문화적 분위기의 특징을 열거하였고, 다른 한 장은 이 시대에 프란치스칸 영성이 제안하고 증언해야 할 가치에 대한 지침을 제시하였다.

아씨시의 프란치스코 성인에게 기초가 되는 영적 체험과 그 영적 체험이 프란치스코 수도 가족의 영적 삶과 역사에 끼친 영향을 분석한 이 책의 중심 내용은 각 시대의 한계와 제약을 뛰어넘어 언제나 고유한 역사적, 신학적 가치가 있다. 따라서 프란치스코 성인이 실현하여 그의 수도 가족이 끊임없이 이어온 영성은 각 시대의 다양한 문화 속에서 지속적으로 재창조해야 하므로 프란치스칸 영성을 오늘날 어떻게 적용할 수 있을지 그 실현 방법을 제시해 보려고 했다.

모쪼록 이 책이 프란치스코 성인의 폭넓고 풍요로운 크리스천 체험과 프란치스칸 영성의 뿌리와 핵심이 되는 성인의 영적 직관을 잘 설명해 준다면 기쁘겠다. 독자들이 이 책으로 풍요로운 열매를 얻기 바라며, 더욱이 학자들은 크리스천 삶의 다양한 실현 방법 가운데 하나인 프란치스칸 영성의 핵심 정신을 더욱 심화하려는 열의를 느끼기 바란다.

이 책을 전개하면서 해당 주제와 관련된 참고 문헌을 각주에 많이 언급하였으므로 참고 문헌 목록은 따로 싣지 않는다.

죠반니 얌마로네(Giovanni Iammarrone) OFM conv.

1. 성 프란치스코의 글

권고	권고
유언	유언(1226)
시에나유언	시에나에서 쓴 유언(시에나, 1226년 5월)
비인준회칙	인준받지 않은 회칙(1221)
인준회칙	인준받은 회칙(1223)
마지막바람	성녀 글라라에게 써 보낸 유언
1신자편	신자들에게 보낸 편지 I
2신자편	신자들에게 보낸 편지 II
성직편	성직자들에게 보낸 편지
형제편	형제회에 보낸 편지
주님기도	주님의 기도 풀이
덕인사	덕(德)들에게 바치는 인사
동정인사	복되신 동정 마리아께 드리는 인사
하느님찬미	지극히 높으신 하느님께 드리는 찬미
찬미경	성무일도 전에 바치는 찬미경
수난	주님의 수난 성무일도
태양	태양의 노래
압소르	기도 "압소르베아트"

약어표

2. 성 프란치스코와 관련된 전기 작품

1첼	토마스 첼라노가 쓴 성 프란치스코의 1생애
2첼	토마스 첼라노가 쓴 성 프란치스코의 2생애
대전기	성 보나벤투라가 쓴 대전기
세동료	세 동료가 쓴 성 프란치스코 전기
완덕	완덕의 거울
페루	페루지아 전기
잔꽃	잔꽃송이

3. 성녀 글라라의 글과 자료

글회칙	성녀 글라라의 회칙
글유언	성녀 글라라의 유언
1아녜스	프라하의 성녀 아녜스에게 보낸 편지 I
2아녜스	프라하의 성녀 아녜스에게 보낸 편지 II
3아녜스	프라하의 성녀 아녜스에게 보낸 편지 III
4아녜스	프라하의 성녀 아녜스에게 보낸 편지 IV
에르멘	브르쥬의 에르멘투르디스 자매에게 보낸 편지

4. 자주 인용된 출판물

AFH	Archivum Franciscanum Historicum
Ant	Antonianum
Carth	Carthaginensia
CivCatt	La Civiltà Cattolica
CF	Collectanea Franciscana
Conc	Concilium
DF	Dizionario Francescano
DS	Dictionnaire de Spiritualité
DTI	Dizionario Teologico Interdisciplinare
DocCom	Doctor Communis
EstFr	Estudios Franciscanos
EtFr	Études Franciscaines
FS	Franziskanische Studien
GrFr	Grey Friars Review
ItFr	Italia Francescana
Itin	Itinerarium
Laur	Laurentianum
MiscCom	Miscellanea Comillas
MF	Miscellanea Francescana
QSF	Quaderni di Spiritualità Francescana
RdT	Rassegna di Teologia

REB	Revista Eclesiastica Brasileira
RevdePh	Revue de Philosophie
RS	Revue Spirituelle
RTM	Rivista di Teologia Morale
Sales	Salesianum
SelFr	Selecciones de Franciscanismo
SF	Studi Francescani
SM	Sacramentum Mundi
StdZ	Stimmen der Zeit
ThQ	Theologische Quartalschrift
VyV	Verdad y Vida
VM	Vita Minorum
WiWei	Wissenschaft und Weisheit
ZkTh	Zeitschrift für katholische Theologie

제1장

영성: 개념, 형태, 프란치스칸 영성

1. 영성 - 성령을 따르는 삶

오늘날 '영성'(spiritualità)이라는 용어를 널리 쓰고 있는데 이 말은 매우 포괄적인 의미를 담고 있다. 여러 해 전 바이스마이어(J. Weismayer)는 "영성은 오늘날 자주 쓰고 있는 용어지만 그 의미가 항상 동일하지는 않다."[1]고 쓴 바 있다. 최근 몇 해 동안 영성이라는 용어의 의미를 명확하게 규정하려는 움직임이 활발하므로 여기서도 잠시 언급해 보는 것이 유익하겠다. 이는 영성이라는 말의 뜻을 지금 당장 정의내려야 한다는 것이 아니라 일반적인 의미의 영성과 그리스도교 영성, 그리고 그리스도교 영성을 이루는 다양한 형태의 개별 영성과 그 가운데 하나인 프란치스칸 영성을 고찰하는 가운데 영성의 의미론적 영역을 점차 좁혀가며 살펴보는 것이 더 적절하다는 의미이다.

---

1 J. Weismayer, *La vita cristiana in pienezza*, Dehonian*e*, Bologna 1989, p.8(orig. ted., 1983)을 참조할 수 있다.

'영성'이라는 말은 분명히 '영'(spirito)에서 유래한다. '영'이란 무슨 뜻인가? 영이란 단어 역시 인간 사고의 역사와 통상적인 언어 표현에서 볼 수 있듯 다양한 의미를 지니고 있다. 여기서 영성과 밀접하게 연관된 두 의미, 즉 인간 '내면'과 인간 인격의 구조적 차원과, 인간의 삶과 만물의 생성 과정 속에 활동하시는 성령의 영역에 대해 성서적이며 그리스도교적인 관점에 따라 언급하고자 한다.

만약 우리가 '영'이라는 단어를 인간의 내면성과 관련해 사용한다면 '영성'이라는 말은 인간의 능동적이고 수동적인 삶의 양식이며, 인간 주체가 가장 중요한 가치를 부여하며 살아가는 최종적인 의미의 지평을 의미한다.[2] 이러한 지평은 내재적인 실재 또는 초월적인 실재로 대변될 수 있는데, 결국 인간 정신이 찾을 수 있는 더욱 심오하고 궁극적인 가치들의 영역이다. 바로 이러한 가치 영역 위에서 인간은 자신의 생각과 행동의 방향을 결정하고, 인생을 살아가며, 고통과 희망을 체험하고, 생의 마지막 순간에 의미를 부여한다. 의미와 가치의 영역은 최종적인 선택의 영역에 해당하며 결국 (그것이 어떤 형태로 실현되든) 신앙과 종교 선택의 영역과 관련되기 때문에[3] 영성이란 인간 정신의 종교적 차

---

2   D. Bonhoeffer는 "종말론적인 지평"(종말론적, 초월적, 절대적)과 "이 세상의 지평"(역사적, 내재적, 상대적)이라는 용어를 통해 신학계에 깊이 이바지하였다. Bonhoeffer의 사상에 대해서는 특히 *Sequela*, Queriniana, Brescia 1969를 참조할 수 있다. P. Tillich의 괄목할 만한 학문적 기여 역시 참조해야 한다.

3   '신앙, 믿음'과 '종교'는 다른 말이다. 그러나 사회적-역사적 차원에서 보면, 신앙 선택에는 종교적 실행이 언제나 뒤따른다.

원의 역동성과 관계된다. 이러한 점과 연관하여 폰 발타사르(H.U. von Balthasar)가 정의 내린 영성 개념을 고려해 볼 만하다: "영성이란 종교적 차원, 더 일반적으로는 윤리적 차원과 구체적인 일상의 차원에서 인간 존재를 이해한 결과이자 표현 양식으로서 한 인간 존재의 근본적이며 실제적이고 실존적인 태도 방식이다. 다시 말해, 한 인간이 자기가 가장 중요하게 여기는 가치 기준과 결정에 따라 실제로 일상에서 삶을 조율해가는 잣대이다."[4]

우리는 자신이 가장 중요하게 여기는 의미의 척도에 따라 자신의 삶과 실존 양식을 실현해가는 데 도움이 되는 수많은 형태의 신앙고백으로 이슬람 영성, 유다 영성, 불교 영성, 힌두 영성과 같은 여러 종교의 영성에 대해 말할 수 있다. 그렇지만 아무런 종교적 신앙이 없는 사람들 역시 자신의 내적 세계가 있고 자신의 실존을 최종 가치의 지평 안에서 실현해가고 있다는 점을 간과해서는 안 된다. 따라서 우리는 인본주의적 영성, 종교와 무관한 비종교적 영성에 대해서도 말할 수 있는 것이다.

성경과 그리스도교의 견해에 따르면 인간이 세상을 대하는 가치와 의미 및 근본적인 태도 방식의 차원인 내면세계는 성령의 현존과 활동에 직접 관련되어 있기 때문에, 영성이란 신학적인 의미에서 성령의 지도와 이끄심을 따르는 실존적 태도를 의미한다. 성경과 그리스도교 신

---

[4] *Spiritus Creator*, Einsiedeln 1967, p.247 (tr. it., Morcelliana, Brescia 1972, p.237).

학의 가르침에서, 성령은 인류 역사와 함께 세상 어디서나 활동하고 계시며 인간의 의지보다 앞선 분이지만 늘 인간의 자유를 존중하신다. 그래서 우리는 자유로운 결정에 따라 자기 자신이 이 세상과 맺는 관계를 성령의 이끄심에 따라 실현해가는 사람, 곧 '영적인 인간'에 대해 말할 수 있다. 또한 성령의 이끄심을 거슬러 살아가는 인간, 곧 성령의 이끄심을 따르지 않으면서 자신의 고유한 가치와 의미 기준에 갇혀 사는 '영적이지 않은' 인간에 대해서도 말할 수 있다. 이들은 사도 바오로의 용어로 '육적인 인간'이다.

이상의 내용은 엄밀히 말해 성경의 가르침에 바탕을 두고 '영적 인간', '영성생활' 그리고 '영성'을 바라보는 시각이다. 또한 오랜 시간 동안 잊혔다가 최근 그리스도교 신학(적어도 가톨릭 신학)이 재발견한 '영성' 개념이기도 하다. 여러 세기 동안 '영성의', '영성'이라는 용어와 여기서 파생된 말은 인간의 정신적 삶과 내면성 같은 영역을 가리키는 것으로 이해되면서 외면성, 육체성, 사회성, 역사성과 같은 차원과 구별되고 많은 경우 상반된 것으로 다루어지기도 했으나, 최근에는 성령의 이끄심을 따르는 인간의 실존 모든 영역에 걸친 체험과 연결되기에 이르렀다.

영성이 궁극적이고 최종적인 지평 안에서 인간이 체험하는 내적 태도라고 바라보는 시각과, 인간의 구체적인 삶 속에서 성령의 활동에 이끌린 삶이라고 보는 시각은 결코 무관하거나 상반된 것이 아님을 기억하기 바란다. 하느님의 계시(참조: 지혜 1,7; 요한 1,4 이하; 로마 1,19-20; 사도 17, 콜로 1,15-17)와 교회의 가르침(참조: 「교회 헌장」 16, 「사목 헌장」 22)은 인류의 전체 역사와 각자의 삶이 성령의 활동 아래 있다고 가르친다. 이러한 가르침에서 우리는 역사 속에 존재했던 영성의 여러 형태를 신앙과 관련지어 생각하고, 성령의 영감과 역동적인 움직임에 열려 있거나 또는 닫혀 있는 것으로 보게 된다. 그러므로 가장 중요한 가치의 지평 안에서 인간과 세상을 대하는 인간의 내적 태도인 영성이 존재하는 곳이면 어디든지 성령을 따르거나 성령을 거스르는 영성이 있다.

이러한 고찰을 바탕으로 오늘날 그리스도교(가톨릭) 세계에서 인간 삶 안에 작용하는 성령의 활동과 그 체험을 가리키는 영성에 관한 몇 가지 정의를 살펴보면 다음과 같다.

"영성이란 성령 안에서 예수 그리스도와 함께 하느님의 삶에 참여하는 것"[5], "성령께서 부활하신 예수 그리스도와 일치를 이루는 가운데 하느님 아버지께 나아가게 하는 삶(참조: 에페 2,18)"[6], "신앙의 내용을 자신의 것으로 실현해가는 것"[7], "교의신학의 주관적 측면"[8], "한 인간이 그리스도께 대한 믿음과 유대를 실현하게 하는 성령의 작용 방식", "신앙을 가진 존재 전체 안에 일어나는 성령의 구체적인 활동이자 그리스도의 성령이 인도하는 삶이 역사 조건 속에서 우리 안에 형성되고 자라

---

5 J. Weismayer, *o.c.*, p.19.

6 *Ivi*, p.19.

7 W. Kasper, in ThQ 155 (1975), p.316; J. Weismayer, *o.c.*, p.7에서 재인용.

8 H.U. von Balthasar; J. Weismayer, *o.c.*, p.14에서 재인용.

나도록 하는 방식"[9], "하느님의 영에 순응하는 가운데 인간 삶의 다양한 차원 속에서 형성되는 그리스도교적인 실존 양식"[10]이다. 마지막으로 영성이란 "예수 그리스도와 성령 안에서 그리스도교 삶을 살아가는 양식이자 형태로서, 교회 공동체 안에서 신앙으로 수락되고 사랑으로 표현되며 희망 속에 실현되는 것"[11]이다.

이상에서 살펴본 각 정의는 그리스도교 영성이라는 폭넓은 개념을 제대로 고려하고 평가하기 위해 필요한 특징들을 강조하고 있다. 우리는 앞서 인용한 정의를 종합하여 영성의 개념을 다음과 같이 정의할 수 있다. 즉 그리스도교 영성이란 (개별적이고 공동체적인) 인간 주체가 성령의 작용 아래 그리스도를 통해 하느님을 향하는 삶이다. 동시에 신앙인들의 공동체에 속해 (개인이든 공동체이든) 성령께서 베푸시는 특별한 카리스마의 도움으로 신앙과 희망과 사랑이라는 덕행을 실현하고, 그 덕행이 이 세상의 역사와 문화와 사회 현실을 위해 하느님께서 주시는 선물이라고 증언하는 삶이다.

이 정의 안에는 영성의 신학적, 그리스도론적, 성령론적, 교회적, 인간학적, 시대-역사-문화적, 선교적, 증거자적 차원이 모두 망라되어 있다. 사실 진정한 의미의 그리스도교적 삶과 영성은 이상의 요소와 차원

---

9   B. Fraling, in ZkTh 92 (1970), pp.183-198; cf. J. Weismayer, *o.c.*, p.15.

10 A. Rotzetter가 이렇게 말하고 있다: J. Weismayer, *o.c.*, pp.15-16.

11 C. Maccise, *Spiritualità latinoamericana*, Appunti, Teresianum, Roma 1989, p.9.

을 모두 포함한 것이어야 한다.

2. 영성 - 신앙으로 사는 삶 / 신학적 성찰이자 훈련 과정

성령께서 역사 안에서 가능하게 해주는 삶의 체험인 영성과, 이러한 크리스천 영성 체험에 대한 신학적 고찰이자 신학 교과 과정 안에 들어 있는 훈련 과정인 영성의 차이점을 살펴보자. 이 둘의 관계에 대한 고찰은 크리스천 삶의 체험인 영성을 더 깊이 이해하는 데 도움이 된다.

영성은 무엇보다 삶의 체험(개인이든 공동체이든)과 신앙 내용의 주관적 습득과 관련된다. 고전적인 신학 용어로 표현하자면, 영성이란 구체적으로 '신앙의 대상과 내용을 믿는 객관적 신앙(fides quae creditur)'을 저마다 고유한 태도 방식 안에서 실현하고 증언하는 '주관적인 신앙(fides qua creditur)'이다. 신앙 내용을 자신의 것으로 실현해가는 과정은 크리스천 실존 양식과 삶의 방식을 형성하며, 이는 그리스도교의 계시 내용과 교회의 전통, 신앙인의 종교적 감각, 신학과 교회 교도권의 가르침 및 인간학적 탐구를 바탕으로 엄밀하게 연구하는 신학 고찰의 대상이 된다. 이러한 영적 삶에 대한 고찰과 숙고는 최근에 신학의 독립된 교과 과정으로 자리잡은 '영성에 대한 신학' 또는 '영성신학'의 주제이다. 그러므로 영성신학은 항상 영적 삶과 체험이라는 첫째 과정을 바탕으로 그 내용과 핵심을 발전시켜 나가는 둘째 과정이다.

이와 관련해 20세기 초 영성신학의 이론적, 신학적, 학문적 성격에 대한 물음이 제기되었다. 그 물음이란 예측할 수 없는 자유로운 방식으로 활동하시는 성령의 작용에 뿌리를 둔 다양하고 고유한 크리스천 삶의 체험에 대해 학문적인 방식으로 전개하는 엄밀한 신학적 고찰이 가능할까 하는 것이었다. 신학 교육 과정인 영성신학이 신학적 인간학과 윤리신학의 범주에 들어가야 하는 것으로 보이기도 했다.[12] 상당히 논란을 빚었던 이 문제는 몇 가지 결론을 이끌어냈는데, 이러한 결론은 오늘날 일반적으로 받아들여지고 있다.

1) '영성에 대한 신학' 또는 '영성신학'은 삶에서 실현되고 체험되며 인간의 모든 차원을 포함하고 형성하는 생활양식을 이루는 크리스천 요소를 조직적으로 고찰하는 것을 지향하기에 신학적 인간학이나 윤리신학과 구별될 수 있고 또 구별되어야 한다. 교의신학에서 하듯 무엇이 신앙의 진리인가에 대해 숙고하는 것도 아니고, 윤리신학에서처럼 신앙인들이 어떻게 행동해야 하는지 인도해 주는 규범에 대해 성찰하는 것도 아니다. 영성신학은 한 신앙인의 존재를 관통하면서 그에게 특정한 삶의 형태를 부여하는 신앙에 따라 살아가는 삶을 엄밀하고 체계적

---

12 이 논쟁과 관련해 특히 다음의 책들을 참고할 수 있다: G. Moioli, *Teologia spirituale*, in DTI, I, Marietti, Torino 1977, pp.42ss; P.L. Boracco, *Il problema storiografico della spiritualità cristiana*, in A. Bonora (a cura), *La spiritualità dell'Antico Testamento*, Dehoniane, Bologna 1987, pp.17-36; A. Favale, *Spiritualità e scuole di spiritualità*, in Sales 52 (1990), pp.821-826; M. Gioia (ed.), *Teologia spirituale. Temi e problemi*, AVE, Roma 1991.

인 방법으로 성찰하도록 도와준다.

2) 크리스천 삶은 학문적인 방법으로 연구될 수 있기에 '영성신학'은 진정한 의미의 학문적, 신학적 성격을 지니고 있다. 왜냐하면 각 개인이 그리스도교 신앙의 기본 내용을 자신의 것으로 실현해가며 겪게 되는 다양한 체험 안에는 크리스천의 실존 형태를 이루는 불변 요소와 구조 및 역동성이 있기 때문이다. 그러므로 각자 개인적 요인과 사회-문화적인 다양한 요인을 지니고 있으면서, 일련의 크리스천적인 실존 형태론 안에서 그리스도의 영에 고취된 이들이 신앙의 내용을 자신의 것으로 생동감 있게 실현해가는 것이다. 따라서 '다양하고' '고유하며' '반복될 수 없는' 크리스천 체험의 밑바닥에는 공통된 그리스도교인, 공통된 신앙인, 공통된 영성이 있다.[13]

이처럼 영성에 대한 신학적 성찰의 영역과 이와 관련된 신학적 훈련 영역을 살펴보면서 "영성신학은 크리스천 영적 체험을 연구하고 그 단계적인 성장을 기술하며 그 구조와 원리를 알려준다."[14]는 정의가 적절하다는 사실을 이해할 수 있다.

---

13 이 점에 대해 특별히 다음 연구를 참조할 수 있다: G. Moioli, *Teologia spirituale*, in DTI, I, Torino 1977, pp.58-60.

14 Ch. A. Bernard, *Traité de théologie spirituelle*, Paris 1986, p.66. 이와 관련해 다음 연구서를 참조할 수 있다: A. Matanić, *La spiritualità come scienza*, Paoline, Cinisello Balsamo 1990.

3. 크리스천 영성의 다양한 실현 과정과 프란치스칸 영성

크리스천 생활의 실현 과정과 표현 양식은 대단히 풍요롭다. 이러한 풍요로움은 성령께서 개인과 공동체 안에서 수많은 선물을 통해 크리스천 신앙의 내용을 생기 있게 신앙인 각자의 것으로 만들어가는 과정이다. 따라서 크리스천 생활의 실현 과정과 표현 양식은 성령의 은사와 개별 그리스도인과 교회 단체들이 다양한 만큼이나 다양하다. 바로 이것이 그리스도교 영성에 매우 다양한 양식이 존재하는 이유이다.

그렇지만 이렇게 다양한 크리스천 영성 안에 있는 개별 영성들의 고유한 특성을 이해하기 위해서는 몇 가지 사항을 더 고려해 볼 필요가 있다. 이는 우리의 주된 관심사인 프란치스칸 영성의 고유한 특성을 이해하는 데에도 유익하다.

이미 오래 전에 폰 발타사르는 「콘칠리움(Concilium)」이라는 신학 잡지에서 교회 안의 「모든 영성에 규범과 비판 기준이 되는 복음(Il Vangelo come norma e critica di ogni spiritualità)」[15]이라는 글에서 복음은 모든 형태의 크리스천 삶의 기본적이며 궁극적인 규범(참조: 「수도 생활의 쇄신 적응에 관한 교령」 2)이라는 점을 심화해야 한다고 주장하였다. 여기서 복음은 제2차 바티칸 공의회가 축성생활에 대해 가르친 내용의 근간을 이루고 현대 세

---

15 Cf. Conc I (1965), n. 4, pp.67-87; 또한 *Spiritus creator*, cit., pp.237-252(tr. it., pp.237-252)를 참조할 수 있다.

계 안에서 수도 가족들이 쇄신과 적응에 응하라고 한 초대의 바탕을 이루는 신학적, 영성적인 진리이기도 하다. 스위스 신학자 폰 발타사르에 따르면 다양한 크리스천 영성이란 모든 영성의 기초인 복음에 나타난 영성의 특별한 적용인데, 많은 신자들과 크리스천 단체들이 복음적 영성의 특정한 측면을 강조하면서 구체적인 삶의 중심으로 삼고 있으나 이러한 중심은 사실상 복음의 전체 가르침이 실현되게끔 이끄는 출발점일 뿐이다.

복음에 대한 이와 유사한 접근 방식은 중요하기 때문에 그 가치를 제대로 평가해야 한다. 여기서 '복음'이라는 단어의 의미를 명확히 할 필요가 있는데, 이는 또한 프란치스칸 영성을 심화하는 데에도 중요하다.

크리스천 전통과 현대의 성경 연구는 복음이 '하나만' 있는 것이 아니라, 적어도 (신앙과 관련한 참된 문헌으로서 교회가 인정한 경전인) 네 복음서가 있고, 바오로의 복음(참조: 갈라 1,7)뿐 아니라 신약성경의 다른 원천 사료들 안에는 여러 가지 복음적 요소가 있다는 의미심장한 사실을 강조하고 있다. 저마다 특별한 신학적, 영성적 경향을 지니고 있는 모든 문헌에는 성령과 더불어 크리스천 삶의 체험을 이루는 예수 그리스도에 대한 선포가 똑같이 담겨 있지만, 그 관점과 강조점에는 차이가 있다. 따라서 복음은 모든 형태의 크리스천 삶의 항구하고도 최종적인 기준[16]이

---

16 여러 사실 가운데 중세의 청빈 운동과 아씨시의 성 프란치스코가 보여준 복음에 대한 근본적 태도(참조: 비인준회칙 1,1; 인준회칙 1,1)를 떠올릴 수 있다.

되어야 한다며 교회의 오랜 전통을 대변하는 발타사르의 주장의 의미를 좀더 분명히 짚어볼 수 있다. 즉 이 세상에 도래한 구원의 '기쁜 소식'(복음)인 예수 그리스도의 삶은 하나이고 유일하며, 이러한 의미에서 모든 크리스천 삶의 기준점이 되어야 한다. 그러나 예수 그리스도의 삶이 서로 다른 형태(신약성경을 구성하는 서로 다른 원천들을 고려하기 바란다)로 사도들의 교회 안에서 선포되고 동화되었다는 점은, 복음의 유일성을 약화시키지 않고서도 신자들이 역사 안에서 다양한 형태로 복음 내용을 자신의 것으로 삼을 수 있었던 동기가 된다.

이와 같은 다양성의 이유는 또한 개별 신자들이 복음서 또는 신약성경의 일부분이나 모든 부분에 걸쳐 실려 있는 예수 그리스도의 증언 가운데 어떤 측면에서 영감을 받아 예수 그리스도가 남긴 신비의 모든 본질을 자신의 것으로 삼고 다시 실현하려는 데서 찾을 수 있다. 이러한 크리스천 영성의 한 예를 성 빈첸시오 드 폴과 그의 수도 가족에서 살펴볼 수 있다. 마태오 복음 25,31-46은 어떤 의미에서 이 수도 가족의 창설자에게 섬광을 비추어 준 복음 구절이다. 빈첸시오 성인은 헐벗고 병들어 도움이 필요한 예수 그리스도의 모습을 바라보면서 자신의 삶을 살았고 그의 영적 제자들도 그렇게 예수 그리스도와 하느님과 인간의 신비를 따라 살아가도록 했다.

파발레(A. Favale)는 우리가 이미 인용한 그의 연구에서 서로 다르면서도 고유한 많은 영성이 존재하는 이유에 대해 설명하고 있는데, 이 내용을 모두 인용해 보는 것이 적절하리라 본다: "영성학파의 고유함은 어떻게 구성되는가? 그 중심 원리 또는 기초 요소는 창설자나 설립자가 성령의 활동에서 영감을 얻어 실행에 옮기며 자신의 모범과 말과 글로써 제자들과 협력자들에게 전해 준 영적 체험에 따라 이루어진다. 창설자의 체험은 후대로 전승되어 제자들이 배우고 보존하며 발전시킴으로써 크리스천 삶의 본질적이며 공통적인 여러 요소에 대한 새롭고 조화로운 종합이 되어야 한다. 이러한 종합 과정 속에서, 다른 영적 체험에서 받은 요소는 특정 영성학파의 고유한 요소와 적절한 관계를 맺고 질서와 균형을 이루며 조화롭게 통합되면서, 다른 영성학파와 차별되는 새롭고 고유한 형태와 양식이 생겨날 수 있다. 이렇게 새로운 종합을 이루는 구조의 중심에는 어떤 영성학파의 고유한 목표를 결정하는 데 가장 중요한 열쇠가 되는 핵심적인 사고가 있다. 한 영성학파에서 구심점을 이루는 중심 사상이 확립되면, 이를 바탕으로 그밖의 다른 요소들이 정돈되고 위계질서를 갖추면서 한 영성학파에 새로운 성격이 부여된다."[17]

여러 해 전에 세상을 떠난 이탈리아의 명석한 신학자이며 영성학자인 모이올리(G. Moioli)는 크리스천 영성의 다양성과 고유성을 성찰하면서 다음과 같이 쓰고 있다: "우리는 개별적인 인간 인격에 따라 또는 - 좀더 쉽게 - 여러 가지 영성 운동과 영성적 경향(이는 개별적인 인간에게서 출발하기도 하지만 이들을 앞서가기도 하고 또한 영성적 종합의 해석자, 식별자 또는 촉진자로

---

17 A. Favale, *o.c.*, p.849.

표현하기도 한다)의 차원에서 독특한 방식으로 크리스천 가치들을 생동감 있게 종합할 수 있다. 이는 삶을 통해 이루어진 종합으로서, 비록 영성에 대한 이론적 전개와 발전뿐 아니라 이러한 영성적 가르침을 따르는 신학적 경향을 촉진할지라도, 직접 또는 그 자체로 이론적 성격을 지닌 것은 아니다."[18] 그러면서 저자는 다음과 같이 덧붙이고 있다: "다양한 영성을 특징짓는 요소들은 크리스천 체험의 여러 가지 구체적인 구조 속에서 항상 동일한 의미를 지니는 것은 아니지만 모든 크리스천 체험의 기본 골격을 이루는 요소이다."[19]

지금까지 살펴본 내용에서 개인이든 공동체이든 서로 다른 특징을 지닌 크리스천 영성이 어떻게 생겨날 수 있는지 알 수 있다. 바로 모든 크리스천 영성의 기본 구조를 이루는 요소들을 독특하고도 고유한 방식으로 종합하는 데서 가능하다. 이는 '건축학적인 원리'라고도 말할 수 있는 것으로, 이 원리에 따라 각 개인과 단체는 신앙의 내용을 체계적으로 종합하여 자신의 것으로 실현해간다.[20]

이상의 내용으로 우리는 다음과 같은 고찰에 이르게 된다. 즉 각자 다른 영성이 크리스천 신앙의 여러 주제(하느님, 예수 그리스도, 마리아, 성체 등)

---

18 *Teologia spirituale*, in DTI, I, Torino 1977, p.56.

19 *Ivi*, p.56.

20 B. Mondin, *Antropologia teologica*, Alba 1977, pp.9-26을 참조할 수 있다. 저자는 직접적으로 신학 체계에 한해 논하고 있지만, 이는 영성의 차원에서 전체적인 안목을 얻는 데도 가치가 있다.

가운데 어떤 부분만 드러낸다는 의미로 오해해서는 안 된다. 오히려 여러 영성이 각각의 정체성과 고유한 특성을 지니는 진정한 이유는 크리스천 신앙의 모든 내용을 각각 다른 관점에 따라 종합하고 자신의 것으로 실현해가는 방식에 있다.

만일 이 점이 여러 크리스천 영성의 고유한 정체성과 특징의 참된 이유라면, 특별히 종합적이고 체계적인 관점에 따라 전개될 프란치스칸 영성에 대한 연구는 그 주된 목표를, 프란치스칸 영성이 과거에 실현했고 현재에도 실현해가고 있는 신앙의 모든 내용과 크리스천 신비의 모든 차원을 포괄하는 독특하고 고유한 관점을 찾고 규명하는 데 두어야 한다. 프란치스칸 영성을 구성하는 다양한 영적 요소 안에 있는 관점을 규명하는 것은 앞으로 이 책에서 전개할 주된 목표가 될 것이다. 따라서 이 책의 내용은 프란치스칸 영성을 이루는 개별 내용을 한데 모아 소개하는 데 치중하기보다는 이러한 내용을 제대로 이해하고 평가할 수 있게끔 해주는 특유의 프란치스칸적인 관점을 드러내는 데 역점을 둘 것이다.

프란치스칸 영성이 어떻게 신앙 내용을 과거에 실현했고 현재에도 실현해가고 있는지 살펴보는 것이 필요한데, 이는 우리가 만일 '프란치스칸 영성'이 의도하는 바를 엄밀히 고찰해 보고자 한다면 반드시 해결해야 할 또 다른 문제로 넘어가야 하기 때문이다. 학자들은 이러한 문제를 주제로도 드러내지 않아 프란치스칸 영성에 대해 말할 때 때때로 혼란을 겪기도 했다. 이 문제는 다음 장에서 다루겠다.

제2장

프란치스칸 영성의 구조

이 장에서 다루고자 하는 점은 프란치스칸 영성의 정체성이다. 이를 단순하게 표현하면 "프란치스칸 영성이란 무엇인가?"이다. 단순히 아씨시의 프란치스코 성인이 실현하고 증언했던 크리스천 삶인가? 프란치스칸 1세대 또는 프란치스칸 가족이 첫 세기 동안 살았던 크리스천 삶인가? 전체 프란치스칸 가족이 역사 안에서 영성적으로 황금기와 쇠퇴기를 거쳐 살아왔던 크리스천 체험인가? 또는 오늘날 세계 전역에 흩어져 있는 거대한 프란치스칸 가족이 구체적으로 실행에 옮기며 증언하고 있는 신앙의 삶인가?

현재 널리 퍼져 있는 프란치스칸 영성에 관한 서적과 참고서 가운데 프란치스칸 영성을 체계적으로 종합하려는 의도로 집필된 몇몇 책들을 주의 깊게 살펴보면, 막연하고도 일반적인 개념이 많다. 따라서 앞으로 다룰 내용에서는 프란치스칸 영성의 개념을 명확히 하는 데 도움이 되는 유익한 지침들을 제공하려고 한다. 위에서 제기한 질문에 대답하면서 찾게 될 프란치스칸 영성의 개념은 앞으로 성찰해 볼 토의 내용의 주제가 될 것이다.

이 문제의 해답을 찾기 위해 우리는 이미 알고 있는 사실에서 출발하자. 오늘날 프란치스칸 역사 연구는 성 프란치스코 자신에게만 고유하게 속하여 '성 프란치스코의' 또는 '성 프란치스코적인(sanfrancescano)'이라는 형용사형 수식어로 표현할 수 있는 것과 프란치스칸 수도 가족에 속한 것, 즉 프란치스코 주위에서 주님의 선물로 프란치스코 수도회 역사 시초부터 수세기에 걸친 긴 여정과 난관을 거쳐 오늘에 이르기까지 통상 '프란치스칸의(francescano)'라는 용어로 표현되는 것을 명확하게 구분하고 있다. 그러나 성 프란치스코 개인의 크리스천 체험과, 과거와 현재 프란치스코 수도회의 크리스천 체험 사이의 관계를 지나치게 구분함으로써 둘 사이의 연속성에 대한 어떠한 논의도 막아서는 안 된다.[1]

우리는 프란치스코 성인의 고유하고도 근본적인 크리스천 체험을 인정하면서도,[2] 성인의 영적 삶과 성인을 머리로 하는 프란치스칸 가족의 영적 삶 사이의 특정한 연속성을 결코 부인할 수 없고 또 부인해서도 안 된다. 프란치스코 수도회의 모든 역사가 이를 증명하며, 수세기 동안 창설자의 유산에 대한 철저한 충실성을 주창하며 수도회 안에서 태동된 수많은 개혁파 역시 최상의 표지는 아니라 하더라도 이러한 점

---

1 많은 학자들이 이러한 종류의 평가 기준을 비록 명백한 형태로 표명하고 있지는 않지만 공유하고 있다. 이러한 견해를 명백하게 주장하고 있는 이는 S. Nicolosi, *Il francescanesimo tra idealitàe storicità*, Porziuncola, Assisi 1988.

2 이와 관련해 다음 책을 참고할 수 있다: J. Lortz, *Francesco d'Assisi. Un santo unico*, Paoline, Torino 1973; 또한 A. Holl, *Der letzte Christ*, DVA, Stuttgart 1979.

을 대변해 주고 있다. 그런데 여기서 한 가지 정확히 짚고 넘어가야 할 점이 있다.

프란치스칸 영성에 대해 구체적으로 말하기 위해서는 다음 세 가지 요소를 살펴보아야 한다. 즉 전체 프란치스칸 건물의 바탕과 기초와 중요한 요건이 되는 성 프란치스코의 영적 체험, 수세기 역사 동안 창설자의 기본 영감에 충실하면서 때로는 이에 덧붙이기도 하고 때로는 이탈하기도 하면서 실현해왔던 프란치스코 수도회의 영적 삶,[3] 그리고 프란치스칸 가족이 현재 구체적으로 실현해가고 있는 삶 또는 프란치스칸 가족이 지금(이 점은 특히 여기서 중요하게 다루어야 할 측면이자 요소) 그들이 살고 있는 문화 상황 속에서 창조적으로 발전시키고 증언하도록 부름받은 삶[4]을 인정하고 서로 연결해야 한다는 점이다.

---

[3] A. Matanić가 적절하게 잘 서술해 놓은 다음 내용을 참고할 수 있다: "프란치스칸 영성은 아씨시의 프란치스코 성인에게서 그 이름을 얻는다. 그는 실질적인 창시자이며 첫 번째 저술가이다(그가 쓴 '글들'을 기억하라!). 더욱이 그는, 자신이 창설한 세 수도회의 영성 유산에 효과적으로 이바지한 첫 인물이다. 그러나 7세기를 넘는 시대를 통해 발전되고 형태를 갖추어 나간 프란치스칸 영성과 오늘날 흔히 '성 프란치스코의' 영성이라는 표현으로 부르는 창설자의 영성이 반드시 동일한 것은 아니다. 확실히 성 프란치스코 안에는 지극히 개인적인 요소들(카리스마, 특성, 지향 또는 그 밖의 것들)이 있어서 프란치스칸 영성으로 옮겨가는 와중에 커다란 논쟁의 소지가 되기도 했다. 다른 한편, 프란치스칸 영성 안에는 그것이 좋든 싫든, 조화롭든 조화롭지 않든, 크든 작든, 비슷하거나 다르거나 간에 성 프란치스코 안에서 찾아볼 수 없는 요소들이 들어갔다": *Francesco d'Assisi. Fattori causali della sua spiritualità*, Antonianum, Roma 1984, p.17. 이 점과 관련해 N. Fabbretti, *Le alterazioni della spiritualità francescana*, in QSF 1, Porziuncola, Assisi 1962, pp.128-145를 참조할 수 있다.

[4] 이러한 측면은 A. Ghinato의 다음 글에서 추론할 수 있는 것처럼 프란치스칸 영성 개념을 정립할 때 없었던 요소이다: "종종 프란치스칸 영성에 대해 말할 때,

몇 해 전 '프란치스칸 신학'에 관해 말하면서 정의했던 내용에서 영감을 얻고, 이 경우 우리의 고찰 대상은 신학이 아니라 신앙의 삶으로서 영성이라는 점을 고려하면서 이러한 우리의 생각을 정리해 볼 수 있다.

본문을 그대로 인용하면서 '프란치스칸 신학'이라는 표현을 '프란치스칸 영성'으로 바꾸면 다음과 같다: "프란치스칸 영성이란 프란치스코 수도자들(넓은 의미에서 모든 프란치스칸들)이 자신들의 역사, 문화, 교회 상황 속에서 실현하고 증언했던 크리스천 체험이다. 이러한 체험은 아씨시의 성 프란치스코의 크리스천-복음적 체험에서 영감을 받았으며, 프란치스코 수도회의 장구한 역사적, 영적 전통을 통해 실현되었고 지적 체계로 발전된 가치들이다."[5]

여기서 잘 알 수 있듯이, 체계화된 프란치스칸 영성을 구축하기 위해서는 아래 세 가지 중요한 구성 요소를 함께 고려하여야 한다.

성 프란치스코의 영성과 그 영성의 이론적 종합이라고 부를 수 있는 영성 가운데 어느 하나만을 말하곤 한다. 우리는 다음 두 영역, 즉 '성 프란치스코의 영성' 또는 '정신'과 '프란치스칸 영성'을 구분하는 것을 선호한다. 전자는 성 프란치스코의 개인적인 영성과 그 역사적 측면으로 프란치스칸 영성 안으로 통합되어 들어가는 것이고, 후자는 성 프란치스코와 그의 아들들의 모든 영적 체험과 수도회의 이론적-실천적인 영적 전통, 그리고 이와 관련된 모든 지식의 조직적인 체계를 의미한다.": *Vangelo e spiritualità francescana. Saggio di bibliografia ragionata*, in QSF 6, Assisi 1963, pp.196-197.

5 *Possibilità, esigenza e valore di una teologia elaborata da francescani oggi*, in MF 89 (1989), p.18.

1) 프란치스코 수도 가족의 창설자가 살았던 크리스천적, 복음적 삶으로서 과거와 현재 모든 프란치스칸들의 삶에 기초와 영속적인 기준이 되는 '생활양식'.

2) 성 프란치스코의 크리스천 체험이 보존되고 현실화되었던 장이자 다양한 교회, 사회 상황과 문화 풍토와 마주치면서 때로는 다른 결과를 맺기도 했던 전체 프란치스코 수도회의 삶과 사상의 전통.

3) 성 프란치스코와 프란치스칸 삶의 근본적인 영감을 현재의 역사 문화 상황 속에서 실현하며 증언하고 있는 프란치스칸 가족.

이 세 가지 구성 요소를 함께 고려하지 않는다면 프란치스칸 영성은 구체적일 수도 온전할 수도 없을 것이다. 위에서 언급한 세 가지 요소를 제대로 평가하고 적절히 조화시킬 때, 비로소 성 프란치스코의 크리스천 체험에 뿌리를 두고 거의 8세기에 걸친 프란치스칸 가족의 삶을 통해 풍요롭게 성장해 와서 각 사회, 역사 상황의 영적, 문화적 필요와 요청에 창조적인 방법으로 프란치스코와 프란치스칸 가족의 영적 체험을 다시금 실현해가는 프란치스칸 영성이 발전할 수 있다.

이상의 고찰을 통해 볼 때 프란치스칸 영성이란 단지 과거 한때의 역사적 현상이나 고고학적인 발굴의 대상이 아니라, 결코 끝나지 않는 역사 위에 뿌리를 내리고 현재와 미래에 항상 열려 있는 실재이다. 바로 그 때문에 성 프란치스코 및 프란치스칸들과 관련된 과거 자취를 되돌아보려고 노력하는 것이다.

이것은 앞으로 이 책이 전개해 나갈 과정을 암시한다. 먼저 과거의 프란치스칸 영적 체험의 본질적인 요소를 종합적이며 체계적인 방식으로 살펴볼 것이다. 이어서 현대 크리스천 영성의 의미심장한 차원들과 현대의 문화 상황에서 더욱 요청되는 점들에 주목해 보고, 마지막으로 프란치스칸 가족이 오늘날 교회 상황과 문화 맥락 속에서 그들의 과거, 특히 성 프란치스코가 오늘날의 교회와 인류 가족의 선익을 위해 유산으로 남긴 영적 삶의 본질적인 차원을 어떻게 현실화할 수 있을지에 대해 몇 가지 지침을 제공할 것이다.

프란치스칸 영성의 구성 요소에 대한 종합적 연구

제3장

앞으로 살펴볼 장에서는 넓은 의미의 프란치스칸 영성, 즉 성 프란치스코가 수도회를 창설했던 순간은 물론 그 뒤로 프란치스칸 가족이 실현했고 오늘에 이르기까지 세기의 역사 안에서 증언해왔던 프란치스칸 영성의 내용과 차원 그리고 기본적인 윤곽과 특징적인 면을 한데 모아 살펴볼 것이다. 이와 같이 종합적 안목이 요구되는 작업을 위해 근래에 나온 여러 저작을 참고할 것이다.

한 가지 지적하고 넘어가야 할 것은, 최근에 나온 연구서일수록 프란치스칸 영성을 오직 성 프란치스코와 성녀 글라라의 글 또는 몇몇 다른 프란치스칸 원천 사료가 전하는 영적인 내용에 국한해 다루려는 경향이 뚜렷하다는 점이다. 반대로 좀더 이전에 나온 연구서의 경우에는 성 프란치스코와 수도회의 태동기에 대한 접근 방식이 오늘날보다 덜 엄밀하다. 또한 프란치스코 수도회가 배출한 중요한 학자들과 성인들(파도바의 성 안토니오, 성 보나벤투라, 복자 요한 둔스 스코투스, 시에나의 성 베르나르디노 등)에 더 큰 관심을 두고 있다. 이는 책마다 프란치스칸 영성에 대한 개념이 서로 다르기 때문이기도 하고, 더 근본적으로는 수도회 창설의

'황금기(성 프란치스코, 성녀 글라라, 프란치스칸 초창기)' 이후 프란치스칸 가족이 증언했던 영적 가치에 대해 깊이 생각해보지 않고 선택한 데서 오는 차이점이다.

앞으로 몇몇 학자들이 프란치스칸 영성의 뼈대를 구성한다고 보는 요소나 특징을 모아 볼 것이다. 우선 프란치스코의 '생활양식'을 구성하고 있는 요소를 다루고 있는 학자들(E. Longpré, O. Schmucki, S. Lopez, L. Iriarte)을 검토해 보고, 이어서 성 프란치스코와 그의 수도 가족이 역사의 흐름 동안 실현했던 영성의 특징을 서술한 학자들(13세기부터 1517년까지 연구한 A. Blasucci와 현 시대를 다룬 M. Conti)을 살펴볼 것이다.

롱프레(E. Longpré)는 성 프란치스코 영성의 특성을 이루는 요소[1]로 육화하신 하느님의 말씀, 십자가에 못박히신 예수, 성체로 현존하시는 예수 그리고 살아 계신 하느님의 말씀에 대한 깊은 신심을 통해 구체화되는 '기초 원리'이신 그리스도와 이루는 일치를 제시하고 있다.[2] 프란치스코는 자신의 영적 체험의 중심에 그리스도를 둠으로써 육화하신 하느님의 아들의 신비와 긴밀히 연결되어 뜨거운 사랑을 지닐 수 있었고 남다른 덕행의 삶을 구체적으로 실현할 수 있었다. 이는 또한 엄위로우신 주님을 우리의 형제가 되게 하신 성모 마리아에 대한 성 프란치스코의 열렬한 신심을 설명해준다. 특히 프란치스코라는 인간에 대해 경탄

---

1 *Frères Mineurs*, in DS, V, Paris 1964, cc. 1271-1303을 참조할 수 있다.
2 Cf. *ivi*, cc. 1278-1283.

을 자아내게 하는 가난, 겸손, 순종, 회개와 엄격함 같은 덕행의 뿌리 역시 여기서 찾을 수 있다.[3]

그리스도와 이루는 이러한 완전한 일치는 위에서 언급한 덕행으로 강화되고 확립되었으며 성 프란치스코는 사랑의 세라핌 천사, 그리스도 안에서 삼위이신 하느님의 찬미자, 라 베르나 산의 신비가가 되었다. 다시 말해 프란치스코는 하느님 사랑의 불꽃 속에서 살았고, 삼위이신 하느님께 기도와 시적인 찬미가를 드렸으며, 그의 신비적 여정으로 라 베르나 산에서 십자가에 못박히신 분과 내적으로 뿐 아니라 육체적으로도 신비적 변형을 이루게 되었던 것이다.[4]

로페즈(S. Lopez)는 '프란치스칸 카리스마'에 대한 연구에서 성 프란치스코의 사고와 정신에 대해서만 설명하면서, 간접적으로 그의 생활양식에 대해 해명하고 그의 카리스마와 체험을 밝혔다.[5] 이 학자는 '프란치스칸 카리스마'는 성 프란치스코(와 성녀 글라라)의 정신과 체험으로만 축소될 수 없고, 성 프란치스코를 중심으로 더 넓은 삶의 역사를 바탕에 두고 있다는 견해를 밝히고 있다. 그렇지만 저자는 이러한 삶은 "우연하고 부차적인 부분에서는 달라질 수 있겠지만, 기본적으로는 성 프란치스코의 삶과 같은 음조를 띠고 같은 리듬을 지니는 것이어야 한

---

3 Cf. *ivi*, cc. 1283-1292.

4 Cf. *ivi*, cc. 1292-1302.

5 Cf. *El carisma franciscano*, in VyV 30 (1972), pp.323-360; 324.

다."⁶고 덧붙이면서, 성 프란치스코의 체험의 기본 요소를 설명하는 것은 프란치스칸 영성이 지닌 핵심적인 특징을 가리키는 것을 의미한다고 한다.

그렇다면 어떤 점이 프란치스코 성인의 카리스마이며 크리스천 체험의 요소인가?

1) 복음성. 성인은 "복음을 실현했고 복음의 내용대로 살았다." 복음을 통해 하느님의 절대적인 초월성과 선함을 알았고, 십자가에 못박히신 그리스도의 청빈, 겸손과 단순성을 만날 수 있었다. 프란치스코는 오로지 복음의 사람이고, 복음을 추구하던 사람이며, 복음을 실행에 옮긴 사람이다.⁷

2) 지극히 높으시고 최상의 선이신 하느님, 성부이시고 성자이시고 성령이시며 삼위일체이신 하느님을 체험.⁸

3) 세상에 육화하시어 십자가와 부활을 거쳐 장차 심판관으로 영광중에 재림하실 때까지 하느님 아버지와 인간을 향해 온전한 봉헌을 드러내며 인간을 인도하는 길이 되신, 성부의 사랑받는 아들이신 그리스도

---

6 *Ivi*, p.324.

7 Cf. *ivi*, p.329.

8 Cf. *ivi*, pp.322-324.

에 대한 체험과[9] 그리스도의 성사, 특히 말씀과 성체성사 안에서 이루어진 체험.[10]

4) 프란치스코 성인에게 '충분함'[11] 자체였던 '그리스도를 추종하는 삶'. 그 때문에 "그리스도를 따르고 복음을 지키며 주님의 계명을 실행하라는 주제는 성인 안에서 항구하게 나타나는 것이고 그의 삶을 이루는 골자이다."[12]

5) 그리스도를 따르는 길에서 보여준 탁월한 청빈 정신. 모범이요 스승이신 그리스도는 부유하였지만 가난하게 되셨고 프란치스코는 인류의 구원을 위해 성부께 모든 것을 바치신 주님의 가난한 제자였다.[13]

6) 낮음의 덕(minorita)에 바탕이 되는 가난과 가난의 자매인 겸손. 이러한 덕행 안에 순종도 들어가게 되는데, 순종은 그리스도론적인 기초를 지

---

[9] Cf. *ivi*, pp.337-340. M. Cicarelli 및 그 밖의 학자들의 연구를 참조하기 바란다. 부활에 대해서는 B. McDonald, *The Resurrection in Francis' Spirituality*, in «Round Table Franc. Res.» 28 (1963), pp.130-148; 또한 저자의 글인 *Gesù Cristo nella spiritualità di san Francesco d'Assisi*, Quaderni Francescani 19, Miscellanea Francescana, Roma 1992, pp.44-50.

[10] Cf. *ivi*, pp.341-343.

[11] S. Lopez의 흥미로운 연구 논문 *Cristo «suficiencia» de Francisco*, in VyV 29 (1971), pp.327-366을 볼 수 있다.

[12] *Ivi*, p.349.

[13] Cf. *ivi*, p.350.

니고 있다. 왜냐하면 그리스도에게 성자가 된다는 것은 순종한다는 것이고 따라서 가난하고 겸손하게 됨을 의미하기 때문이다.

7) 인내심과 순수하고 거룩한 단순성.[14]

8) 프란치스코가 하느님을 향해 지녔던 열렬한 믿음과 희망과 사랑. 기도가 된 사람이라 할 만큼 프란치스코의 삶의 핵심을 이루었던 기도생활.[15]

9) 가난하신 마리아, 거룩한 자모이신 교회, 주님의 성사.[16]

슈무키(O. Schmucki)는 여러 해 전 「성 프란치스코의 생활양식(Linee fondamentali della forma vitae di san Francesco)」이라는 연구 논문을 썼다.[17] 이 연구는 본질적으로 "프란치스칸 생활양식의 특징적 요소"[18], 다시 말해 성인이

---

14 Cf. *ivi*, p.352.

15 Cf. *ivi*, pp.356-357.

16 Cf. *ivi*, pp.336, 343-344.

17 이 제목으로 된 그의 연구를 다음 책에서 볼 수 있다: G. CardaropoliM. Conti(a cura), *Lettura biblico-teologica delle Fonti Francescane*, Antonianum, Roma 1979, pp.183-231. 이 저자는 계속해서 또 다른 연구를 선보였는데 거기서 프란치스코 성인이 자신의 생활양식을 점진적으로 발견해간 과정을 재구성하려고 하였다: *La forma di vita secondo il Vangelo gradatamente scoperta da san Francesco d'Assisi*, in ItFr 59 (1984), pp.341-405. 이 연구의 핵심은 특별히 pp.403-405에 잘 요약되어 있다.

18 *Ivi*, p.185.

프란치스코 수도회에 유산으로 남겨 준 크리스천 삶을 다루고 있다. 그러면 슈무키는 어떤 요소를 드러내고 있는가?

그는 무엇보다도 "예수 그리스도의 복음을 따르는 삶"에 주목하면서 "성 프란치스코가 어떤 독특한 관점으로 복음 말씀을 읽고 들었는지"[19]에 대해서도 질문하고 있다. 그리고 그 가장 특징적인 요소로서 다음을 제시하고 있다. 성 프란치스코가

- "복음서 안에서 기도하는 그리스도의 모범을 바라보며" 얻은 "지극히 높으시고 거룩하시며 홀로 선하시고 전능하시고 세상 어디에나 현존하시는 하느님에 대한 시각"[20];

- "우리 주 예수 그리스도의 사랑을 통해 얻게 된 예수 그리스도에 대한 시각"(그는 이 점과 관련해 프란치스코가 다양한 그리스도론적 내용을 균형있게 바라보고 있으며, 예수 그리스도의 육화 신비를 부유하셨지만 가난하게 되신 하느님[참조: 2코린 8,9]이라는 관점에서 보고 있음을 주목하고 있다)[21];

- "거룩한 기도와 신심 정신"[22];

- "크리스천이 지상 삶 동안 지속해야 할 삶의 상태"이자 "성령의

---

19 *Ivi*, p.188.
20 *Ivi*, p.189.
21 Cf. *ivi*, pp.193-199; 194.
22 Cf. *ivi*, pp.199-202.

이끄심에 내어 맡김으로써 신적 사랑 안에서 점진적으로 변형되는 것"을 내용으로 하는 "회개의 삶"[23];

◆ "청빈한 생활";

슈무키에 따르면 청빈한 삶은 "복음을 따르는 삶의 양식을 구성하는 여러 특징 가운데 특히 두드러진 요소"이고 "어쩌면 성 프란치스코의 카리스마로 자주 언급되고 더 중요하게 여겨지는 측면"[24]이다.

◆ 크리스천 삶의 최고 모범이신 예수 그리스도가 실현했던 가난과 겸손의 구체적인 표현 양식인 "자신을 낮추는 삶"[25];

◆ "순종하는 삶"[26];

◆ "형제적 삶"[27];

◆ 세상을 돌아다니며 하느님 말씀을 선포하는 "사도적 생활"[28].

---

23 *Ivi*, pp.202-204.

24 *Ivi*, p.205; 이 점에 대한 서술은 pp.205-210. 206쪽에서 이 학자는 성 프란치스코의 글 가운데 몇몇 구절(특히 2신자편 5)에 '자신을 비움(esinanizione)'이라는 개념이 선명하게 나타나 있다고 지적한다. 그러나 이러한 주장을 더 발전시키지는 않는다.

25 Cf. *ivi*, pp.210-213.

26 Cf. *ivi*, pp.213-217.

27 Cf. *ivi*, pp.217-224.

28 Cf. *ivi*, pp.224-231. 이 저자가 쓴 *La spiritualità di san Francesco*, Roma 1967 또한 참고할 수 있다.

이리아르테(L. Iriarte)는 『프란치스칸 소명』[29]을 다룬 자신의 책에서 프란치스칸 영성(좀더 정확하게는 성 프란치스코와 성녀 글라라의 영성)의 특징에 대해 종합적인 시각을 제공하며 각각의 장(章)에서 서술하고 있다.

- ◆ 회개하는 삶;
- ◆ 복음을 따르는 삶;
- ◆ 주 예수 그리스도의 발자취를 따름;
- ◆ 그리스도 현존의 장인 교회;
- ◆ 교회가 되신 마리아;
- ◆ 지극히 높으시고 온갖 선의 근원이며 사랑이신 삼위일체 하느님;
- ◆ 성령의 활동과 이끄심에 대한 체험;
- ◆ 하느님을 흠숭하는 기도;
- ◆ 주 예수 그리스도의 겸손과 가난;
- ◆ 단순성;
- ◆ 모든 이와 피조물에게까지 열려 있는 형제적 삶;
- ◆ 사도직과 선교 활동.[30]

---

29 *Vocazione francescana. Sintesi degli ideali di san Francesco e di santa Chiara*, Piemme, Casale Monferrato 1987.
30 이 책을 구성하는 각 장의 제목이다.

성 프란치스코의 이러한 영적 체험과 관련되어 프란치스칸 가족이 그 시초부터 1517년까지 보여준 영성 방향이 자리잡을 수 있게 된다. 물론 이것은 성 프란치스코가 실현했던 크리스천 삶의 단순한 반복은 아니다. 블라수치(A. Blasucci)가 역사를 연구하면서 뽑아낸 프란치스코 수도회 영성의 특징은 다음과 같다: 그리스도 중심 영성(특별히 파도바의 성 안토니오, 성녀 글라라, 성 보나벤투라, 복자 요한 둔스 스코투스와 그의 학파, 폴리뇨의 복녀 안젤라, 시에나의 성 베르나르디노의 가르침); 삼위일체이신 하느님과 아기 예수 신심과 같은 특별한 신심 행위; 예수 수난 신심; 성 보나벤투라에게 영감을 받아 시에나의 성 베르나르디노가 발전시킨 예수의 이름에 대한 신심; 성 보나벤투라에게 영감을 받은 예수 성심 신심; 성모에 대한 깊은 신심과 특별히 둔스 스코투스 이후 원죄 없으신 성모에 대한 신심; 성 요셉 신심.[31]

프란치스칸 가족은 창설자의 뒤를 이어 창설자의 크리스천 체험을 특징짓는 덕행을 실행해왔다. 특히 청빈에 충실하기 위해 수도회의 분열뿐 아니라 심지어 교회의 정통성에서 벗어나는 위험을 초래하기도 했고,[32] 애덕과 기쁨, 관상과 사도적 활동 및 학문이 배제되지 않은 신심과 사랑으로 특징지어진 교회적, 사회적 현존을 실현해왔다.[33]

---

31 Cf. A. Blasucci, *Frères Mineurs*, in DS, cc. 1315-1325.
32 교황 요한 22세 치하 때 있었던 청빈 논쟁, 1323년 페루지아 총회의 결정과 영성파에 대한 단죄를 기억할 수 있다.
33 Cf. *ivi*, cc. 1326-1338. A. Blasucci의 이러한 견해는 오늘날 이탈리아어로 된

프란치스칸 가족은 1517년 이후 독자적인 두 수도회(작은형제회와 꼰벤뚜알 프란치스코회)로 공식 분리되었고 이어서 카푸친 작은형제회와 그 밖의 프란치스칸 가족들이 생겨나면서 다양해졌다. 그들은 모두 같은 뿌리에서 나왔지만 각자 고유한 영적 체험을 실현해왔다.[34] 이렇게 서로 다르면서도 변치 않는 요소는 1517년 수도회의 공식적인 분리 이전 시기의 특징과 본질적으로 같은 것이다.

그런데 지금 우리가 살펴보고 있는 수세기 동안의 프란치스코 수도회 역사 안에서 성 프란치스코 영성의 한 가지 요소가 상당 부분 간과되었는데 그것은 세상과 우주에 대한 영성이다. 프란치스칸들이 우리를 둘러싼 자연과 세상에 대해 창설자가 지녔던 감수성을 보존해온 것은 사실이지만 이러한 주제를 충분히 드러내지는 못했다. 프란치스칸 영성을 서술한 책에 이와 관련된 주제가 없다는 사실이 이를 반증하고 있다.

프란치스칸 영성이 — 성 프란치스코의 영성과 프란치스칸 영성의 바탕 위에서 — 오늘날 구체적으로 실현해야 할 특징과 관련해 프란치스칸 저자들이 생각하고 있는 점을 최근에 나온 두 작품 속에서 살펴보자.

AA.VV., *La spiritualità del Medioevo*, Borla, Roma 1988, pp.268-296: Linee di spiritualità francescana에서 볼 수 있다.

34 적어도 1964년까지 이에 대한 내용은 위에서 언급된 사전에 실린 *Frères Mineurs* 항목에서 볼 수 있다.

콘티(M. Conti)는 프란치스칸 영성의 첫째 요소로 '사도적 소명'을 지적하면서 "프란치스칸 형제회는 교회 안에서 사도적 소명을 통해 하느님과 인간에 대한 봉사에 바쳐진 형제들이다."[35]라고 한다. 그는 또 "은둔소와 외딴 장소에서" 구체화되었던 '관상적 요소'[36]에 대해 말하고 보편적 형제성, 낮음의 덕과 봉사로 드러나는 가난과 겸손,[37] 단순성과 기쁨[38]에 주목하고 있다. 콘티는 특히 프란치스칸 영성의 특징이 회개하는 삶을 실현하고 선포하는 것이라고 주장하면서 "오늘날 프란치스칸들은 자신들의 교회 소명이 무엇인지에 대해 서로 일치하지 않고 있다."[39]는 점을 지적하면서 끝맺는다. 앞으로 보게 되겠지만 이 마지막 지적은 상당히 의미심장하다. 이는 프란치스칸 영성의 가장 특징적인 요소를 온전히 밝혀 설명해 줄 수 있는 가장 기본적인 체험 내용에 대해 프란치스칸들이 동의하지 않는다는 사실에서 확인할 수 있다. 바로 이 점이 프란치스칸 영성의 '뼈아픈 점'인데, 이를 분명히 밝히고 해결하는 것이 프란치스칸 영성의 신학적 숙고 과정에서 가장 중요하고 시급한 과제이다. 앞으로 이러한 문제를 다루어 볼 것이다.

---

35 *Il messaggio spirituale di san Francesco d'Assisi*, in E. Ancilli (a cura), *Le grandi scuole della spiritualità cristiana*, Teresianum, Roma 1984, pp.347-420; 393.

36 *Ivi*, p.395.

37 Cf. *ivi*, pp.403-408.

38 Cf. *ivi*, pp.408-410.

39 *Ivi*, p.420.

최근에 운명한 올자티(F. Olgiati)는 그의 유작[40]에서 프란치스칸 영성이 "낮음의 덕과 형제애 안에서 복음을 전하는 삶",[41] "그리스도의 가난과 겸손을 드러내는 복음적 삶",[42] 사랑과 자비와 순종 위에서 다함께 친교하는 삶을 이루기 위한 "복음적 형제성의 소명"[43]과 복음 전파, 특히 아버지이신 하느님의 모습을 모든 피조물에게 말과 삶으로써 전하는 것[44]이라고 제시하고 있다.

지금까지 살펴본 내용은 매우 중요하다. 이상의 종합적 연구들은 많은 면에서 서로 일치하지만 동시에 상당한 차이점을 보이고 있다. 앞으로 프란치스칸 영성의 여러 요소에 일체성과 논리성, 그리고 깊은 의미를 부여해 줄 수 있는 체계적인 연구가 요청된다.

---

40 *La spiritualità della vita francescana*, Edizioni Biblioteca francescana, Milano 1990.
41 *Ivi*, pp.13-44.
42 *Ivi*, pp.45-86.
43 *Ivi*, pp.87-164.
44 *Ivi*, pp.165-233.

제4장
프란치스칸 영성의 특징

여기서 우리는 성 프란치스코 영성과 프란치스칸 영성, 더 정확하게는 성 프란치스코 영성과 후대 프란치스칸 영성을 모두 포함하는 프란치스칸 영성의 특징적 성격에 대해 질문하여야 한다. 이는 결코 간단한 물음이 아니다. 왜냐하면 이것은 프란치스칸 영성의 기초와 정체성을 이루는 중추신경을 건드리는 중요한 물음인데도 프란치스칸 영성을 종합하고 체계화하려는 의도로 쓴 연구서들 속에서 프란치스칸 영성의 핵심에 대해 학자들 사이에 일치된 대답을 찾을 수 없기 때문이다. 프란치스칸 영성의 핵심을 잘 파악하기 위해서는 성 프란치스코와 프란치스칸들의 크리스천 삶을 구성하는 여러 구성 요소들이 아니라, 이러한 다양한 차원들로 하여금 진정한 의미와 나름의 색채, 즉 고유한 성격을 띠게끔 하는 프란치스칸 영성의 고유한 지평과 특별한 관점을 고려할 필요가 있다.

이는 삶의 풍요로움을 한 가지 체계 안으로 축소하려는 것이 아니다. 성령의 자유와 인간의 자발성은 영적인 현실 안에 함께 얽혀 있거니와 프란치스코 성인의 영적 가르침과 수도회의 '비체계성' 역시 유념

해야 할 문제이기 때문이다. 오히려 이러한 시도는 프란치스칸 영성의 여러 차원과 개별 내용을 보존하면서도, 그것이 흘러나오고 다시 돌아가는 기반과 원천에 입각해 이 영성의 다양한 차원에 통합성을 부여하고 깊은 의미를 제시한다. 이는 프란치스칸 영성을 종합하고 정리하려는 차원을 넘어 일관성 있게 논리적으로 조직화하여 체계화하려는 문제이다. 이러한 작업의 의미는 프란치스칸 영성을 구성하는 수많은 요소와 내용과 차원을 단순히 한데 모으거나 요약하려는 데 있는 것이 아니라, 이러한 요소와 차원이 서로 밀접하게 관련되어 각각의 의미를 더 잘 파악하도록 해주는 '근원적인 이유'를 통찰해 봄으로써 '프란치스칸'이라고 이름 붙일 수 있는 바로 그 '크리스천 실존 형태'와 '고유한 크리스천 삶의 양식'을 찾아 제시하려는 데 있다.

많은 프란치스칸 영성학자들이 서로 다른 열성과 관점으로 이 과제를 해결하려고 노력하면서 다음의 질문을 던져왔다. 프란치스칸 영성의 형상적 요소는 어떤 것인가? 프란치스칸 정신은 어떤 것인가? 프란치스칸 삶의 핵심은 무엇인가? 프란치스칸 영성을 특징짓는 요소는 어디에 있는가? 등등.[1]

---

[1] 이 중요한 문제를 다룬 몇몇 연구서를 소개하면 다음과 같다: F. Chauvet, *Intorno alla natura della spiritualità francescana*, in VM 31 (1960), pp.387-406; A. Blasucci, *L'anima della spiritualità francescana*, in MF 62 (1962), pp.3-16; H. Borak, *Spiritualitatis franciscanae natura et momentum*, in Laur 3 (1962), pp.259-281; AA.VV., *Che cos'è la spiritualità francescana*, QSF 1, Assisi 1962 (이 책 끝에 L. Canonici는 *Sussidi bibliografici sulla spiritualità francescana*, pp.146-162를 제공하고 있다); A. Matanić, *Per una sintesi della spiritualità francescana, cinquant'anni*

마타니치(A. Matanić)의 연구 결과는 프란치스칸 영성학자들이 이 문제에 얼마나 관심을 기울이고 접근했는지 보여준다. 우선 이 주제의 심화를 위해 매우 유익하다고 여겨지는 여러 입장을 간단하게 언급한 후, 그 중심 내용을 고찰하고 평가해 볼 수 있을 것이다.

마타니치가 주목한 첫 학자는 카푸친 작은형제회 신부인 달랑송(U. d'Alençon)이다. 그는 1912년에 출간한 자신의 연구에서[2] '프란치스칸 영혼'(또는 '프란치스칸 정신')은 네 가지 질료적 요소(복음의 본래적 준수로 되돌아감, 일치와 평화, 교회에 대한 순종, 예수의 인간성을 향한 열렬한 사랑)와 이들 요소에 고유한 특성과 본질을 부여하는 한 가지 형상적 요소(가난 또는 피조물에서 이탈)로 구성되어 있다고 쓰고 있다.[3]

몇몇 학자들이 이러한 입장을 반박하였는데, 특히 작은형제회 회원 드 세랑(A. de Sérent)과 브라칼로니(L. Bracaloni)는 가난과 같은 윤리 덕행을 "프란치스칸 영성의 형상적 요소 또는 본질"[4]로 여길 수 없다고 보았다. 위 두 사람 가운데 특히 브라칼로니는 "사랑이야말로 프란치스칸

---

di ricerche, in VM 36 (1965), pp.27-52. Matanić는 1982년에 이 연구를 새로 보완하였다: *Francesco d'Assisi. Fattori causali della sua spiritualità. Appendice. Settant'anni di sintesi della spiritualità francescana* (1912-1982), Antonianum, Roma 1984, pp.137-152. 그의 연구 자료는 최근 수십 년 동안 프란치스칸 영성의 정체성 문제와 관련해 학자들의 다양한 견해를 살펴보는 기초 자료로 이용될 것이다. 우리는 이 학자가 해 놓은 가치 있는 작업의 덕을 많이 입고 있다.

2 Cf. *L'Ame franciscaine*, in RevdePh 12 (1912), pp.257-299.
3 Cf. A. Matanić, *o.c.*, p.138.
4 A. Matanić, pp.138-139. 이들의 논문은 AFH 8 (1915), pp.448-481에 실려 있다.

이상의 주된 덕이고 특징"이며, 비록 가난이 프란치스칸 이상의 탁월한 덕행이고 기초일 수 있지만, 생명과 "중심과 힘"[5]은 아니라고 보았다.

또 다른 카푸친회 학자인 세제르 드 투르(Césaire de Tours) 신부도 이 문제를 규명하려고 뛰어들었다.[6] 그에 따르면 프란치스칸 영성의 특징은 "무엇보다 그리스도에 대한 사랑 속에서 그 주된 직접적인 내용"을 찾을 수 있으며, 특히 "십자가에 못박히신 예수에 대한 열렬한 사랑" 속에 "세라핌적 완성"이 있다.[7]

1920-30년대 로마 교황청 안토니오 대학의 프란치스칸 영성 교수였던 칸티니(G. Cantini) 신부는,[8] 프란치스칸 영성의 핵심과 본질은 "무엇보다 최상 선(善)으로 이해되는 하느님과 온전히 모방해야 할 신인(神人) 예수 그리스도를 향한 사랑이며, 이는 프란치스칸의 특징적인 덕행 및 사도적 사명과 더불어 그리스도 중심적인 프란치스칸 수덕의 뿌리이다."라고 강조했다.[9]

루체르나(Lucerna) 출신으로 스위스 카푸친 회원인 펠더(I. Felder)는 『그

---

5 Cf. *ivi*, p.139.

6 Cf. 그의 논문 모음집 *La perfection séraphique d'après saint François*, Couvin 1919.

7 Cf. A. Matanić, *o.c.*, pp.139-140.

8 Matanić는 특히 Cantini의 다음 작품 두 개를 들고 있다: *Ascensioni francescane. La vita cristiana nel Terz'Ordine,* Quaracchi 1922; *Il messaggio di Gesù Cristo alla scuola del Serafico Padre*, Firenze 1928.

9 A. Matanić, *o.c.*, p.141.

리스도의 기사 성 프란치스코(San Francesco cavaliere di Cristo)』라는 책에서,[10] 프란치스코 성인의 이상은 "기사도 정신으로 주님(왕)이신 예수 그리스도를 모방하고 섬기는 것"[11]이라고 주장하였다.

브르통(V.M. Breton) 신부는 프란치스칸 영성에 대해 쓴 여러 글에서 프란치스칸 영성의 진수를 예수 그리스도 안에서 보았으며, 이러한 시각은 특히 성 보나벤투라와 복자 요한 둔스 스코투스의 신학에 토대를 두고 있다. 그는 프란치스칸 영성의 두 가지 강조점이 '청빈'과 '수난당하신 그리스도를 따르는 것'이라고 하였다.[12]

프랑스 카푸친 회원인 그라티앙 드 파리(Gratien de Paris)의 견해는 의미심장하다. 그의 책은 여러 차례 재판되고 이탈리아어로도 번역되었는데 그는 자신의 책에서[13] 이렇게 말한다. 프란치스칸 영성은 "창조의 중심인 그리스도를 완전하게 모방하려는 것이다. 이는 사고와 감성과 행위에서 그리스도와 될 수 있는 대로 가장 온전하게 일치하는 것이다. 절대적인 가난과 폭넓은 사랑을 포함하고 있는 이러한 이상은 십자가에 못박히신 예수에 대한 열렬한 사랑에서 비롯된다. 그리고 이와 같은 사랑의 원천은 십자가의 신비를 늘 관상하는 데서 찾을 수 있다."[14]

---

10 이탈리아 판은 Vita e Pensiero, Milano 1950 (orig. ted. 1940).

11 A. Matanić, *o.c.*, p.142.

12 Cf. A. Matanić, *o.c.*, pp.142-143.

13 *Saint François d'Assise. Sa personnalité, sa spiritualité*, Blois 1929 (tr. it. 1929).

14 A. Matanić, *o.c.*, pp.143-144 (위 책의 제3판, Paris 1945, pp.67-68의 번역).

캐나다 작은형제회 회원인 롱프레(E. Longprè) 신부는 여러 저술과 특히 성 프란치스코의 영성 체험을 다룬 소책자에서 우리의 관심 주제를 다룬 바 있다.[15] 마타니치는 롱프레 신부의 견해를 다음과 같은 말로 종합하고 있다: "프란치스칸 영적 문제는 크게 세 가지 관련성으로 요약된다: 프란치스코와 복음, 프란치스코와 교회, 프란치스코와 학문. '프란치스코와 복음'에서 그리스도를 모방하는 것과 특히 가난과 겸손이 나오고, '프란치스코와 교회'에서 복음의 수호자인 교회에 대한 사랑이 나오며, '프란치스코와 학문'에서 활동성과 애덕과 기도에 대한 프란치스코와 그의 자녀들의 우선적 선택이 나온다."[16]

『프란치스카니즘(Il francescanesimo)』이라는 유명한 작품의 저자인 제멜리(A. Gemelli) 신부는 프란치스칸 영성에 대해 짧지만 핵심적인 글을 쓰기도 했다.[17] 그에 따르면 프란치스카니즘의 본질은 그리스도 중심성이고 주된 프란치스칸 덕행은 다른 모든 덕행 안에 드러나는 애덕이다.[18]

---

15 *Saint François d'Assise et son expérience spirituelle,* Beauchesne, Paris 1966 (tr. it. *Francesco d'Assisi e la sua esperienza spirituale,* Biblioteca francescana, Milano 1970).

16 A. Matanić, *o.c.*, pp.144-145.

17 *La spiritualità francescana*, in AA.VV., *Le scuole cattoliche di spiritualità*, Vita e Pensiero, Milano 1949³, pp.75-120; *Il francescanesimo*, Vita e Pensiero, Milano 1932. 이 책은 여러 판(版)이 있다.

18 Cf. A. Matanić, *o.c.*, p.145.

1930년대의 몇몇 학자들, 특히 토로(A. Torro) 신부와 헤린크스(J. Heerinckx) 신부는 프란치스칸 영성의 실체는 신적 사랑 또는 애덕에 있다고 보았다.[19] 프란치스칸 영성에 대해 몇몇 작품을 쓴 꼰벤뚜알 프란치스코 회원 뵈테이(L. Veuthey) 신부는[20] 프란치스칸 삶의 핵심은 복음적인 참 행복에 있다고 했다.[21]

네덜란드 카푸친 회원인 반 부숨(Vitus van Bussum) 신부에 따르면,[22] 프란치스칸 영성의 기초는 창설자의 실천적, 수덕적 그리스도 중심성과 위대한 프란치스칸 신학자의 이론적, 교의적 또는 신학적 그리스도 중심성이다. 십자가에 못박히신 그리스도는 프란치스코를 하느님께 이끄는 길이며 예수와 이웃에 대한 사랑, 참된 기쁨, 단순성, 가난, 사도적 열성과 순교에 대한 열망은 전형적인 프란치스칸 덕행을 구성한다.[23]

베토니(E. Bettoni) 신부에게 프란치스칸 영성의 기초인 프란치스코 성

---

19   이들에 대해 A. Matanić, *o.c.*, p.145를 참조할 수 있다.

20   Cf. *Itinerarium animae franciscanae*, Roma 1938; *Sur la spiritualité franciscaine*, in EtFr 35 (1939), pp.423-432; *La spiritualità francescana nelle beatitudini evangeliche*, in AA.VV., *Il Terz'Ordine francescano*, T.O.F., Roma 1955, pp.9-73(1986년 로마에서 L. Veuthey 신부를 따르는 단체[Associazione Amici di padre L. Veuthey]가 재판함).

21   Cf. A. Matanić, *o.c.*, pp.146-147.

22   이 저자에 대해서는 그의 논문과 연구 모음집인 *De spiritualitate franciscana. Aliqua capita fundamentalia*, Roma 1949를 참조할 수 있다.

23   Cf. A. Matanić, *o.c.*, pp.147-148.

인의 영성 체험의 특징은 복음을 따르기로 선택한 삶이고[24] 작은형제회 회원인 기나토(A. Ghinato) 신부에게는 그리스도 중심적 시각이다.[25]

마타니치는 독일과 네덜란드의 많은 작은형제회 회원들(K. Esser, L. Hardick, S. Clasen, S. Verhey, E. Grau)의 글을 언급하면서 다음과 같이 쓰고 있다: 이 저자들은 "복음의 기본적인 요청 가운데 하나인 회개를 내세우면서 프란치스칸 영성의 핵심을 회개하는 삶 속에서 그리스도를 모방하는 것으로 본다. 이들에 따르면 회개하는 삶은 바로 성 프란치스코의 수많은 제자들의 이름인 '작은형제들'에 따라 형제애와 작음의 삶 속에서 더욱 구체화된다."[26]

프란치스칸 영성과 사상에 관해 유명한 저술 두 편을 남긴 치카렐리(M. Ciccarelli) 신부도 언급할 가치가 있다.[27] 그는 자신의 책에서 프란치스칸 영성의 영혼은 사랑이고, 기초는 그리스도 중심성이며, 목표는 하느님과 신비롭게 일치함이고, 주된 수단은 가난과 겸손과 고통이며, 열매는 교회에 대한 충만하고 신심 깊은 순명과 내적 자유와 단순함과 완전

---

24 Cf. *Visione francescana della vita,* Morcelliana, Brescia 1956; A. Matanić, *o.c.,* p.148.

25 이 학자는 우리의 관심 주제에 관해 여러 작품을 쓴 저자이다: cf. A. Matanić, *o.c.*, p.149.

26 *Ivi,* pp.149-150.

27 Cf. *I capisaldi della spiritualità francescana,* Benevento 1954; 1959²; *I misteri di Cristo nella spiritualità francescana, Benevento* 1961; 1962².

한 기쁨과 사도직이라고 쓰고 있다.[28]

마지막으로 중요한 작품은 프랑스 작은형제 회원인 피아(St. J. Piat)신부의 유고집『십자가에 못박히신 가난한 그리스도를 발견한 성 프란치스코(Saint François d'Assise à la découverte du Christ pauvre et crucifié)』이다.[29]

이 저자는 사도 바오로의 말씀 "나에게는 그리스도가 생의 전부입니다. 그리고 죽는 것도 나에게는 이득이 됩니다."에 중심을 두고 성인의 전 생애를 서술하고 있다.[30]

마타니치가 소개하고 있는 다양한 견해에서 볼 수 있듯이 프란치스칸 영성의 본질과 핵심에 대한 문제를 다룬 학자는 많았다.[31] 그렇지만 학자들마다 결론이 달라서 1960년 쇼베(F. Chauvet)가 "프란치스카니즘에 대해 이론적으로 참으로 깊이 종합한 연구가 없다."[32]고 한 지적이 여전히 유효함을 보여준다. 이러한 맹점은 수년 전 카노니치(L. Canonici)

---

28 Cf. A. Matanić, *o.c.,* p.150.

29 Éditions franciscaines가 파리에서 1968년에 출판하였다(이탈리아어 번역판: *Con Cristo povero e crocifisso. L'itinerario spirituale di Francesco d'Assisi,* Biblioteca francescana, Milano 1971, 2 voll.; 1978²).

30 Cf. A. Matanić, *o.c.,* pp.151-152.

31 이 주제와 관련된 연구 가운데 앞에서 프란치스칸 영성의 구성 요소를 다루면서 언급했던 K. Esser, O. Schmucki, M. Conti, F. Olgiati의 연구도 포함된다. 이 가운데 M. Conti를 제외한 다른 학자들은 프란치스칸 영성 체험의 고유한 특성에 대해 명백하게 질문을 던지지는 않았지만 나름대로 자신들의 견해를 보이고 있다. 최근에 이 문제를 명백하게 다룬 학자들의 이름과 공헌에 대해서는 앞으로 언급할 것이다.

32 *O.c.,* p.387.

가 지적했듯이 "프란치스칸 영성이 흔히 비판받아왔던 여러 어려움 가운데 하나이다."[33]

앞으로 살펴볼 장에서는 성 프란치스코 영성과, 오늘날 대다수 학자들이 인정하고 있듯이 모든 면에서 항상 일치하지는 않는 프란치스칸 영성에 대해 종합적이고 이론적이며 체계적인 시각을 제공하려고 한다. 물론 이론적으로 프란치스카니즘에 대하여 전체적인 종합을 감히 꾀할 용기는 없다. 다만 프란치스코가 실현했던 크리스천 삶의 원(原)체험을 체계적으로 규명하고, 그 토대 위에서 성 프란치스코 영성의 다양한 요소와 우리가 흔히 프란치스칸 영성이라고 부르는 영성의 고유한 음조를 살펴봄으로써 프란치스칸만의 특징적 영성 또는 성령에 따라 프란치스칸적으로 살아가는 삶의 차원을 밝히는 것으로 만족할 것이다.

33　*O.c.*, p.146.

제5장
성 프란치스코의 크리스천 근본 체험

1. 성 프란치스코 영성의 원(原)체험인 가난하고 겸손하신 예수 그리스도

우리는 이 제목으로 프란치스코의 크리스천 삶과 증언의 근본 체험이 되고 세기의 흐름 동안 프란치스칸 영성의 정체성과 고유성의 기초를 이루었던 점을 모아 종합해 보았다.[1] 실제로 여러 해 전 프란치스칸 원천 사료에 나타난 '그리스도 추종'과[2] 프란치스코 성인의 영성 안에

---

[1] 몇몇 학자들이 프란치스코의 크리스천적 '근본 체험'에 대해 쓴 바 있다. 예를 들어, A. Rotzetter, *Francesco d'Assisi. Storia della vita. Programma di vita. L'esperienza fondamentale*, in A. Rotzetter-W. van Dijk-T. Matura, *Vivere il Vangelo*, Padova 1983, pp.15-171; 135ss; V. Casas, *La experiencia fundante de Francisco de Asís y sus hermanos*, in SelFr XVIII (1989), pp.429-444. 이 마지막 연구에 따르면 성 프란치스코의 근본 체험은 "하느님의 절대적 우선성", "하느님은 모든 것", 하느님은 절대적 분이시고, 우리의 존재는 온전히 하느님께 궁극적이고 결정적인 기준을 두고 있다는 점이다: pp.443-444. 앞으로 Rotzetter가 다른 점을 제시하는 것을 보게 될 것이다.

[2] G. Iammarrone, *La «sequela di Cristo» nelle Fonti Francescane*, in MF 82 (1982), pp.417-461; 특히 pp.452-458을 참조할 수 있다.

서 예수의 모습과 기능이라는 연구에서[3] 지금 말하려는 내용을 밝힌 바 있다. 위 연구에서 썼던 요점을 프란치스칸 영성과 관련된 우리의 주제에 적용하면서 다시 다룰 수 있다.

프란치스코 성인이 쓴 여러 가지 글은 물론, 13세기에 쓰인 성인의 공식 전기와 비공식 전기에 나타난 여러 본문을 분석해 본 후 "성 프란치스코의 그리스도 추종과 그리스도 체험 안에 그만의 고유하고 독특한 점이 과연 존재하는가?" 라는 질문을 던진 바 있다. 그리고 우리는 성인의 글과 전기가 증언해 주는 내용을 바탕으로 성 프란치스코는 물론 창립 후 첫 세기 동안 프란치스코 수도회를 움직였던 고유하고 독특한 관점에 대해 감히 말할 수 있고 또 말하여야 한다고 응답했으며,[4] 다음과 같은 논조에는 결코 동의할 수 없다고 하였다. 즉 프란치스코 성인

---

[3] Cf. G. Iammarrone, *Gesù Cristo nella spiritualità di san Francesco d'Assisi*, in MF 91(1991); 낱권으로도 인쇄되었다: Quaderni Francescani, 19, Miscellanea Francescana, Roma 1991, p.71. 여기에 프란치스코 성인이 지녔던 그리스도관(觀)에 대해 참고 문헌이 많이 언급되어 있다. 몇 가지를 덧붙이면 다음과 같다: J. Lang, *Das Christusbild des hl. Franziskus,* in *Persönlichkeit des hl. Franziskus von Assisi,* Werl i.W. 1982, pp.42-56; M. Hubaut, *Le Christ de saint François. Quelle vision du Christ se dégage des écrits de François?*, in «Carmel» 23 (1984), pp.24-31; C. Leonardi (a cura), *Il Cristo*, IV, Milano, Mondadori 1992, pp.101-129.

[4] Cf. *ivi*, p.452. 프란치스코가 특정한 방법으로 그리스도를 바라보는 시각에 대해 M. Hubaut, *Le Christ de saint François. Liminaire*, in «Évangile Aujourd'hui», n. 107, 1980, pp.2-5를 참고할 수 있다. 이 학자는 그리스도의 신성과 전능함을 강조하는 전통과 베르나르도 성인처럼 인간성을 강조하는 전통 사이에서 프란치스코의 그리스도론적 시각이 지닌 "깊이와 균형"에 대해 말하고 있다. 그러나 성인이 지녔던 그 같은 시각의 특징을 정확하게 서술하지는 않는다.

은 특별한 생각이나 개념 없이 복음에 접근했다거나, 성인의 특별한 카리스마는 복음을 문자 그대로 추종하는 데서 드러났으며,[5] 가난뱅이 프란치스코는 복음에 따라 살면서 어떠한 독창성도 없었다는 견해이다.[6]

프란치스코와 그의 수도회를 움직였던 고유한 관점은 프란치스코가 예수 그리스도의 모든 신비를 실행하려고 노력하면서, 인간과 참된 친교를 맺기 위해 감히 상상할 수도 없는 방법으로 세상에 내려와 자신을 낮추어 겸손하고 가난해진 예수 그리스도 안에서 하느님과 인간과 세상을 이해했던 방식에 있다. 그리고 그리스도에 대한 성 프란치스코의 이러한 체험은 점진적으로 발전하였으니,[7] 하느님께 자신을 온전히 봉헌하면서 그의 체험과 인식은 더욱 명료해졌고 복음적으로 변모되었다. 다시 말해, 복음서 속에서 예수가 실천했고 제안했던 내용과 가치가 더욱 구체적으로 그에게 다가왔고, 그리스도가 제자들을 세상에 파견하면서 하신 말씀이 바로 자신에게 향하고 있다는 점을 깨달은 날부터

---

5 Cf. *ivi*, pp.452-453.

6 이 마지막 주장은 J. De Gotía가 그의 연구 *Un trozo de cristología viviente: Francisco de Asís*, in SelFr 14 (1985) pp.411-451에서 한 것이다. 이 학자는 또 다음과 같이 쓰고 있다: "프란치스코는 아무런 독창성도 없었다. 그러나 바로 이 점에 프란치스코의 위대함이 있다. 프란치스코는 단지 참된 크리스천일 뿐이다."

7 프란치스코가 그리스도를 점진적으로 발견해 나갔다는 점은, 그가 하느님에게 강하게 이끌리기 시작했지만 회개 당시만 하더라도 하느님이 그에게 무엇을 원하는지 뚜렷하게 인식하지 못했다고 자신의 「유언」에서 밝히고 있는 데서도 알 수 있다. 프란치스코가 나날의 삶 속에서 예수 그리스도를 따르는 가운데 하느님의 모습이 점점 더 분명하게 드러나게 되었다는 점을 기억할 필요가 있다. 이 점에 대해서 O. Schmucki, *La «forma di vita» secondo il Vangelo gradatamente scoperta da san Francesco d'Assisi*, in ItFr 59 (1984), pp.341-405를 보라.

예수 그리스도의 발자취를 따르고자 단호히 나섰던 것이다.

프란치스코의 크리스천 삶 안에서 변함없었던 원천과 지향점은 복음 속의 예수와 집요하리만큼 철저히 일치하는 것이었다. 이러한 예수는 그분의 전(全)차원(신적 기원, 가르침과 삶, 구원을 위한 죽음, 부활과 종말의 영광스런 재림)뿐 아니라[8], 자신을 온전히 내어주기 위해 자신을 겸손하게 비우는 하느님의 사랑을 체험함으로써 이해하고 받아들일 수 있는 분이었다.

프란치스코는 가난하고 겸손하신 하느님의 사랑에 경탄하고 도취되었다. 그레치오에서 재현된 베들레헴 동굴의 아기 예수, 인간 속에 들어와 함께 살아가면서 예수가 받아들였던 겸손하고 가난했던 삶의 조건(이 세상에서 가난한 모습으로 순례자요 나그네로 살았으며 사람들 속에서 멸시받는 인간이 되었던 예수), 인간을 구원하려는 하느님 아버지의 뜻에 순명하여 십자가 위에서 자기 자신을 아무런 제한 없이 비우고 내어놓은 사랑, 이미 부활하여 영광 중에 계신 주님이면서도 겸손하고 가난하며 보잘것없는

---

8 프란치스코가 체험했던 그리스도 신비의 전체 차원에 대해 다음 연구서를 볼 수 있다: T. Matura, *Comment François lit et interprète l'Évangile*, in «Évangile Aujourd'hui», n. 88, 1975, pp.55-63 (cf. *Como lee e interpreta Francisco el Evangelio*, in SelFr VII [1978], pp.13-20). 또한 S. Lopez, *Se cumpieron en él todos los misterios de Cristo* (2cel 217), in SelFr VIII (1979), pp.151-167; M. Hubaut, *El Cristo de san Francisco. Introducción y presentación del tema, ivi*, 42 (1985), pp.343-346; Id., *Que visión de Cristo se desprende de los Escritos de Francisco?*, *ivi*, pp.372-378. 프란치스코 성인이 어떻게 그리스도 신비의 전체성을 이해하고 그리스도의 인격 안에서 신적인 차원과 인간적인 차원이 맺고 있는 깊은 관계를 받아들이는가에 대해서는 N. Nguyen van Khanh, *Gesù Cristo nel pensiero di san Francesco secondo i suoi scritti*, Milano 1984, 특히 pp.302-309를 참조할 수 있다.

모습으로 말씀과 교회와 사제들(부당하고 자격 없는 사제들도 포함하여)과 가난한 이들과 함께 하며, 빵과 포도주의 형상 속에 겸손하고 소박하게 현존하면서 인간을 위해 끊임없이 자신을 내어주기를 멈추지 않는 예수의 모습에 매료되었기 때문이다. 이 모든 장소와 현존 양식 속에서 프란치스코는 사랑이신 하느님, 그것도 겸손과 가난과 온전한 자기 비움의 신비 속에서 자신을 드러내시는 하느님의 사랑에 탄복했고 그분께 충실히 부합하려는 마음을 지니게 되었다.[9]

이러한 종교적 기본 체험은 프란치스코가 「총회」 또는 「형제회에 보낸 편지」에 분명하게 나타나 있다. 여기서 프란치스코는 그의 형제들이 인간들 사이에서 지상 여정을 계속하고 있는 그리스도 현존의 장 또는 현존 양식인 성체 신비에 시선을 고정하도록 초대하고 있다(참조: 형제편 27-29).

---

9 참조: 하느님찬미 4: "당신은 사랑이시오며 …… 당신은 겸손이시나이다." 이 표현을 통해 프란치스코는 그리스도 안에서 하느님을 체험한 모든 것을 요약하고 있다. J. B. Freyer는 자신의 글에서 프란치스코가 그리스도의 신비를 따라 살면서 실현했던 '겸손'에 대해 다음과 같이 말하고 있다: "한때 인간의 형상으로 살았던 현재의 그리스도는 오늘날 빵의 형상으로 하느님의 겸손을 실현하고 계신다. 중요한 사실은 예수의 이와 같은 겸손은 단 한번도 프란치스코를 위한 것이 아니라, 그분의 인성 안에서든 성체의 실재적 현존 안에서든 오로지 겸손 안에서만 구현된다는 점이다. 예수는 육화되신 하느님의 겸손이다.": *Humilitas und Patientia in den Ermahnungen des hl. Franziskus*, in WiWei 53 (1990), pp.19-31. 겸손이신 하느님의 사랑에 대해서 N. Nguyen van Khanh, *o.c.*, pp.148-153에 잘 서술되어 있다. 인간을 향한 하느님의 겸손한 사랑인 그리스도와, 하느님의 사랑에 대한 응답인 인간 여정에 대해서 M. Steiner, *Seguir las huellas de la humildad de Cristo*, in SelFr 20 (1978), pp.193-209를 볼 수 있다.

이렇게 프란치스코가 복음의 그리스도와 하느님을 체험한 데는 성격과 가정환경 및 역사, 사회적 요인(성인이 자라났던 시대 배경과 당대 교회에 번성했던 청빈 운동을 생각해 볼 수 있다)이 함께 작용한 것이 분명하다. 그러나 이러한 요인만으로는 모든 것을 설명하기에 충분하지 않다. 왜냐하면 이는 성령께서 자유롭게 베풀어 주시는 카리스마의 결실인 동시에 크리스천으로서 프란치스코만이 지녔던 고유함의 결과이기 때문이다. 사실 프란치스코가 예수님의 말씀에 어떻게 반응했는지를 보면 그가 복음이 가르치는 내용을 그저 단순하게만 받아들인 것이 아니라 개인적이고 창의적인 방법으로 이해하고 체득해갔다는 점이 분명히 드러난다. 프란치스칸 원천 사료의 여러 증언에 따르면 프란치스코가 파견 사명과 관련된 복음 구절을 듣고 그 의미를 이해했을 때 큰 기쁨에 싸여 다음과 같이 외쳤다고 한다: "이것이 바로 우리들이 바라고 찾던 것입니다. 이것이 바로 내 마음 깊은 곳에서부터 하려고 했던 것입니다."[10] 데보네(T. Desbonnets)는 "이때가 프란치스칸 영감이 태어난 순간"[11]이라고 본다. 프란치스코가 복음과 더욱 긴밀한 관계를 맺었던 그날부터 그리스도를 향한 접근은 '명료한 영감'과 '고유한 영성 체험'으로 변모되었다. 이러한 접근은 세월이 흐르면서 더욱더 뚜렷해졌는데, 그의 영적 체험의 영구한 토대는 물론 세기를 거쳐 가는 동안 프란치스칸 삶의 최종 기반으

---

10 이 점에 대해서는 T. Desbonnets, *Dall'intuizione all'istituzione*, Milano 1986, pp.9-19를 볼 수 있다; cf. Id., *La lettura francescana della Scrittura*, in Conc 17 (1981), pp.69-83; 78-79.

11 *Ivi*, p.19.

로 변화되었다. 이 같은 영감은 최근에 성 프란치스코와 프란치스칸 수도 가족이 어떤 고유한 방법으로 크리스천 신비에 접근했는지 묻던 학자들에 의해 드러났다.[12]

카르다로폴리(G. Cardaropoli)는 프란치스코의 복음성을 다루면서 다음과 같이 쓰고 있다: "이는 복음에 대한 공통된 태도 속에서 프란치스코와 그를 머리로 하는 광범위한 운동만이 지니고 있는 고유한 특징이 과연 존재하는지, 그리고 어떤 점이 중요한 측면인지를 규명하려는 문제이다."[13] "복음을 실행하려는 의지는 프란치스코만의 예외적인 노력이었다고 볼 수는 없다. 그렇지만 프란치스코는 복음을 이해하고 실행하는 자신만의 방식을 지니고 있었다."[14] 결론적으로 복음의 예수를 이해했던 그의 특별한 접근 방식은 바로 "프란치스코가 예수의 인격과 생애 안에서 '낮춤과 비움'으로 이해되는 가난을 즉각 볼 수 있었다."는 점이다. 이는 엄밀한 의미에서 '신적 가난'으로서 하느님의 아들이 인간이 되면서 취했던 본질적 특성과 관련된 문제이다. 이러한 '하느님의 가난'은 사도 바오로가 2코린 8,9에서 언급했던 것으로 프란치스코가 「인준받지 않은 회칙」 9장과 「인준받은 회칙」 6장에서 자신과 그의 제자들을 위해 철저한 가난을 선택한 동기가 되었다. 따라서 프란치스코의 가난

---

12 어떤 면에서 볼 때, 이 저자들도 Matanić와 함께 우리가 앞에서 소개했던 저자들 가운데 넣어야 한다.

13 *Evangelicità*, in DF, Padova 1983, c. 550.

14 *Ivi*, c. 555.

은 무엇보다도 가난하신 '그리스도와 부합'하는 것이고[15] 가난을 선택한다는 것은 본질적으로 성자 안에서 겸손하고 가난하게 인간에게 다가와 인간이 자신의 창조주 주님께 더욱 깊이 무한하게 결합되도록 이끄시는 하느님의 한없는 사랑에 인간이 근본적인 사랑으로 응답하는 것이다.

로체터(A. Rotzetter) 역시 같은 방향에서 접근하고 있다. 그는 "프란치스코가 체험했던 모든 것의 기초가 되고 그를 가장 프란치스코답게 했던 깊은 체험"에 대해 살펴볼 필요가 있다고 한다. "하느님과 세상에 대한 프란치스코의 체험은 한마디로 모든 사물과 무엇보다 예수 그리스도 안에서 '하느님의 겸손함'을 체험한 것이었다. 그래서 겸손하신 하느님과 만남은 프란치스코가 실현하려고 했던 삶의 동기와 목표가 되었는데 이는 '사랑에서 사랑으로'라는 아름다운 표현으로 요약될 수 있다."[16]

데 고티아(De Gotía)는 프란치스코가 복음과 그리스도께 나아갈 때 어떠한 독창적인 관점도 없었다고 보면서 프란치스칸 영성을 특징짓는 덕행을 찾아야 한다는 견해는 항상 위험하다고 주장하지만,[17] 다음과 같은 의미 있는 표현을 남기고 있다: "하느님의 말씀 안에서 겸손과 가난, 봉사와 섬김의 표현인 예수 그리스도의 육화를 바라보는 관점이야말로

---

15 Cf. *ivi*, cc. 556-557.

16 A. Rotzetter-W. van DijkT. Matura, *Vivere il Vangelo,* Padova 1983, p.166.

17 *Ivi,* p.427.

예수 그리스도와 그분의 모든 신비에 대해 프란치스코가 가르치는 내용의 중심을 차지하고 있다."[18]; 또 "프란치스코는 인간이 되신 하느님의 신비를 중심으로 모든 것을 관상하고 있다. 그리고 이 모든 것을 '신학적'으로 투사하고 있다. 모든 것이 인간이 되신 하느님의 역동성 안에 통합되었기에, 모든 것이 고양되었다."[19]; 마지막으로 "가난에 대한 신학적 관점은 …… 육화에 대한 프란치스칸 관상의 특징적인 면 가운데 하나이다. 말씀은 지극히 부유하셨는데도 가난하게 되셨다. 여기서 프란치스코는 가난 부인을 선택하게 된 최종 이유를 찾았다."[20]

그러므로 우리는 겸손하고 가난하신 하느님 사랑의 표지이자 그 같은 사랑에 인간이 겸손과 가난으로 응답하는 길인, 겸손하고 가난하신 예수 그리스도에 대한 체험이야말로 신앙으로 양육된 프란치스코의 모든 인간적 체험을 특징짓는 기초적인 영감이라고 본다.[21] 따라서 하느님과 인간과 세상에 대한 프란치스칸들의 고유한 색조를 찾으려 한다면,

---

18 *Ivi,* p.435.

19 *Ivi,* p.426.

20 *Ivi,* p.424. 또한 G. Miccoli, *San Francesco di Assisi e la povertà,* in J. Dupont-A. G. Hamman-G. Miccoli, *Seguire Gesù povero,* Ed. Qiqajon, Comunità di Bose 1984, pp.121-197, 특히 p.139ss; cf. Id., *Francesco d'Assisi,* Einaudi, Torino 1991, pp.33-97: La proposta cristiana di Francesco d'Assisi.

21 이러한 견해 안에 A. Gerken의 깊이 있는 논문 *Die theologische Intuition des hl. Franziskus von Assisi,* in WiWei 44 (1981-82), pp.2-25도 넣을 수 있다. O. Schmucki의 다음과 같은 주장도 고려해 볼 수 있다: "프란치스코는 부유하신 하느님이 가난하게 되셨다(참조: 2코린 8,9)는 구세사적 관점에 따라 그리스도의 육화를 보고 있다": *Linee fondamentali,* cit., p.194.

바로 이 체험에서 설명을 시작해야 하고, 그것이 어떻게 뿌리가 될 수 있는지 밝힐 필요가 있다.

그러나 이러한 주제로 곧바로 넘어가기 전에 프란치스칸 가족의 영성생활과 신학의 역사 안에서 프란치스코 성인의 영성 체험과 사고를 특징지었던 예수 그리스도에 대한 접근 방식이 어떤 '운명'을 맞았는지를 간과할 수 없다. 여기서 이 같은 프란치스칸 영성의 토대가 발전된 과정을 모두 서술할 수는 없고 단지 간단하게 살펴볼 것이다.

2. 프란치스칸 영성 안에서 드러나는 예수 그리스도

우리는 신심, 기도, 영성 전통 안에 반영된 프란치스칸 가족의 영성생활과, 영적인 글을 비롯해 회헌과 총회 규정과 같은 법적인 글과, 신학자와 설교자와 학식 있는 이들의 글 안에서 성 프란치스코와 그의 제자들 사이에 존재하는 연속성을 쉽게 발견할 수 있다.[22]

성 보나벤투라의 신학적이고 신비주의적인 그리스도 중심주의,[23] 복

---

22 특별히 W. Dettloff, *Die Geistigkeit des hl. Franziskus in der Theologie der Franziskaner*, in WiWei 19 (1956), pp.191-211을 볼 수 있다(프랑스어 판도 있다: *La spiritualité de saint François et la théologie franciscaine*, in EtFr 38 [1966], pp.189-206). Cf. V. de Bussum, *De spiritualitate franciscana. Aliqua capita fundamentalia*, cit., Roma 1949.

23 수많은 연구서 가운데 특별히 다음 연구서들을 참조할 수 있다: A. Gerken, *Theologie des Wortes*, Patmos, Düsseldorf 1963 (tr. franc. *La théologie du Verbe*, Ed.

자 요한 둔스 스코투스와 그의 학파(B. 벨루토, B. 마스트리오, A. 볼피)의 지극히 신학적인 그리스도 중심주의,[24] 신심에 바탕을 둔 그리스도 중심주의(시에나의 성 베르나르디노,[25] 포르토 마우리치오의 성 레오나르도), 신비주의적 그리스도 중심주의(폴리뇨의 복녀 안젤라)[26]들은 수세기 동안 프란치스칸 수도 가족이 성 프란치스코의 그리스도 체험을 그들의 영적 체험의 중심으로 삼

Franciscaines, Paris 1970); B. Aperribay, *Cristología mí stica de S. Buenaventura. Introducción general* al volume II di *Obras de san Buenaventura*, BAC, Madrid 1967, pp.3-90; I. Brady, *La teologia della imitazione di Cristo secondo san Bonaventura*, in «Incontri bonaventuriani» 3, Montecalvo Irpino 1967, pp.97-114; O. Montecchi, *La conformità a Cristo negli Opuscoli mistici di san Bonaventura*, ivi, pp.115-129; L. Cignelli, *Il Cristo di san Bonaventura*, in AA.VV., *Bonaventuriana*, Franciscan Printing Press, Gerusalemme 1974, pp.5-68; G. Panteghini, *Teologia del Verbo o teologia dell'Incarnazione? Fondamenti e limiti del cristocentrismo bonaventuriano*, in AA.VV., *Teologia e filosofia nel pensiero di san bonaventura*, Morcelliana, Brescia 1974, pp.12-65; Z. Hayes, *The Hidden Center. Spirituality and Speculative Christology in St. Bonaventure*, Paulist Press, N. York 1981; G. Iammarrone, *Il posto e la funzione di Cristo nell'ascesa dell'uomo a Dio nell'Itinerarium mentis in Deum*, in SF 85 (1988), pp.279-326.

24 Cf. K. Balić, *Duns Skotus' Lehre über Christi Prädestination im Lichte der neuesten Forschungen*, in WiWei 3 (1936), pp.19-35; Idem, *La spiritualità del Beato Giovanni Duns Scoto*, in VM 3 (1961), pp.36-58; A. Sanna, *La regalità di Cristo secondo la Scuola Francescana*, Oristano 1951; R. Rosini, *Il cristocentrismo di Giovanni Duns Scoto e la dottrina del Vaticano secondo*, Antonianum, Roma 1967; F. Costa, *Il primato assoluto di Cristo secondo Bonaventura Belluto OFMConv (1603-1676)*, Miscellanea Francescana, Roma 1971.

25 Cf. F. Notargiacomo, *Il primato di Cristo nella predicazione di san Bernardino da Siena*, Roma 1949; M. Gronchi, *La cristologia di S. Bernardino da Siena. L'imago Christi nella predicazione in volgare*, Marietti, Genova 1992.

26 A. Blasucci, *Il cristocentrismo nella beata Angela da Foligno*, Roma 1941.

앉다는 것을 보여주는 표지이다.[27]

프란치스코의 그리스도 체험은 성녀 글라라 안에도 생생하게 살아있으며, 성녀가 프라하의 아녜스에게 보낸 편지는 신비 체험과 크리스천 지혜를 훌륭하게 증언해 주고 있다. 가난하고 겸손하신 그리스도에 대한 체험은 글라라의 글에 생생하고 열정적으로 깔려 있으며(참조: 1아녜스 15-18; 2아녜스 5-7), 특히 몇몇 부분은 성 프란치스코가 지녔던 영감, 즉 겸손하고 가난하신 그리스도의 사랑이야말로 신적 신랑만을 찾아 모든 것을 포기하게 하는 사랑에 찬 응답의 동기라는 점을 뚜렷하게 드러내 준다.

실제로 글라라는 프라하의 성녀에게 다음과 같이 쓰고 있다: "하느님의 은총으로 자세히 보면 알겠지만 그 거울 전체에는 복된 가난과 거룩한 겸손과 표현할 수 없는 사랑이 반사되어 있습니다. 먼저 거울의 맨 아래부터 보십시오. 말구유 위에 강보에 싸여 누워 계시는 그 가난을 깊이 바라보십시오. 오, 놀라운 겸손이여! 오, 기막힌 가난이여! 천사들의 임금이시고 하늘과 땅의 주인이신 분이 구유에 누워 계시다니! 다음으로, 거울의 가운데를 보십시오. 그분께서 인류의 구속을 위하여 겪

---

27 이 점과 관련해 무엇보다 D. McElrath (a cura), *Franciscan Christology. Selected Texts, Translation and Introductory Essays*, N. York 1980을 볼 수 있다. D. McElrath-E. Doyle, *Saint Francis of Assisi and the Christocentric Character of Franciscan Life and Doctrine*, pp.1-13도 입문서로서 흥미로운 연구이다. 또한 L. Mathieu, *Cristo suficiencia de Dios. En la fuente de una línea teológica*, in SelFr 14 (1985), pp.347-354 (orig. franc. *Le Christ qui suffit à Dieu. A la source d'une ligne théologique*, in «Évangile Aujourd'hui», n. 197, 1980, pp.6-12)를 참고할 수 있다.

으신 무수한 수고와 고통 그리고 그분께서 지니신 겸손과 함께 복된 가난을 깊이 바라보십시오. 이제 끝으로, 거울의 맨 위를 보십시오. 십자가 나무 위에서 고통당하시고 거기에서 가장 수치스런 죽음을 맞이하기를 원하신 그분의 표현할 수 없는 사랑을 깊이 바라보십시오.…… 오, 천상 임금의 왕후시여, 그대 안에 이 사랑의 불이 날로 더 활활 타오르게 하십시오."(4아녜스 18-27) 이 사랑의 불로 타오른다는 것은 "지상적이고 지나가는 사물 대신에 세세에 영원히 하늘나라의 영광을, 썩어 없어질 것들 대신에 영원한 선을 차지하기 위해"(2아녜스 23) 가난을 선택한 여인이 가난하신 그리스도를 포옹하는 것이어야 한다("가난한 동정녀여, 가난하신 그리스도를 포옹하십시오.": 2아녜스 18).[28]

그 뒤로 프란치스칸 가족의 그리스도 중심적인 체험과 신학적 묵상 안에서 프란치스코와 글라라가 실현하고 증언했던 그리스도론적 시각은 점진적인 변화를 맞았다.

프란치스코 성인 이후 그리스도 중심적인 경향은 프란치스코 수도회의 영성 역사 안에서 두 가지 방향으로 나누어지는데, 그것은 양자택일할 수 있는 성격은 아니었지만 상당한 차이를 보였고 어떤 면에서 서로 평행을 이루는 것이었다. 그 하나는 하느님의 구원 계획 안에서 육

---

28 성녀 글라라 안에서 가난하고 겸손하신 그리스도에 관해서는 E. Grau, «…*Attàccati, Vergine poverella, al Cristo povero*». *La vita di santa Chiara in povertà e umiltà*, in «Forma Sororum» 28 (1991), pp.277-295. 또한 S. Lopez, *Lectura cristológica de los escritos y biografías de Francisco e de Clara*, in SelFr 13 (1984), pp.407-463을 참조할 수 있다.

화에 중심을 두고 하느님과 예수 그리스도와 인간과 세계의 모습을 추론하는 학문적이고 사변적인 프란치스칸 신학 경향이고,[29] 다른 하나는 프란치스칸 수도 가족의 일상적인 삶 속에서 수난과 십자가에 중심을 두고 하느님과 그리스도와 세상의 전(全) 실재를 체험하는 경향이다.[30]

프란치스코 성인이 종합적으로 실현했던 '자신과 그리스도의 관계'와 구별되는 이 같은 차이점 때문에 스코투스 학파의 그리스도 중심적 경향 안에서 그리스도를 가난하고 겸손한 사랑이신 하느님의 계시로 보던 성 프란치스코의 시각을 일정 부분 잃게 되었으며(스코투스와 스코티스트-프란치스칸 학파의 가르침 안에서 육화된 말씀인 그리스도는 하느님의 겸손과 가난과 낮음보다는 하느님의 영광스러움과 광채와 권능을 드러내는 표지이다),[31] 수난과 십자가에

---

29 이는 파리의 프란치스칸 학파에서 출발하여 보나벤투라, 카살레의 우베르티노, 스코투스와 그 이후 모든 스코투스 학파를 통해 오늘까지 이어지는 신학적, 영성적 그리스도 중심성이다.

30 이러한 경향은 토마스 첼라노와 스피라의 쥴리아노가 쓴 전기 안에 이미 나타나 있고, 그 후 성 보나벤투라의 『성 프란치스코 대전기』와 신학, 특히 신비주의 안에 뚜렷이 나타나면서(cf. N. Muscat, *The life of Saint Francis in the light of St. Bonaventure's Theology on the «Verbum Crucifixum»*, Antonianum, Roma 1989) 오늘까지 프란치스칸 가족의 신심과 수덕, 신비 생활에 영향을 주고 있다. 십자가에 못박히신 그리스도와 그분에 대한 신심은 의심할 여지 없이 프란치스칸 신심의 핵심을 이루었으며 십자가의 길, 코르다 피아(corda pia), 그리스도 신비의 재현, 성 프란치스코를 십자가에 못박힌 '또 다른 그리스도'로 보는 신심 등은 이러한 프란치스칸 신심 형태의 예이다. 이러한 발전 과정에 대해서는 O. van Asseldonk, *François d'Assise, imitateur du Christ crucifié, Dieu-Homme, dans la tradition franciscaine et capucine*, in CF 52 (1982), pp.117-143을 참조할 수 있다.

31 스코투스와 그의 학파 안에서도 하느님의 말씀은 겸손과 수난과 자기 비움의 형태로 육(肉)을 취했으나, 이는 단지 죄 때문이었다는 점을 상기할 만하다. 프란치

집중된 그리스도 중심적 경향 안에서는 프란치스코가 체험했던 근본적이고도 보편적인 그리스도 중심성의 폭넓은 지평(참조: 비인준회칙 23,1-11)을 잃어버리게 되었다. 이렇게 서로 다른 경향과 결과는[32] 하느님과 인간과 세상에 대한 프란치스칸 가족의 체험 안에 뚜렷이 남아 있다.[33]

우리는 성 프란치스코의 전형적인 그리스도론적 시각을 실제 삶의 영역과 신학적 성찰의 영역[34]에서 회복할 필요가 있다. 하나는 통합적인 예수 그리스도께 늘 열려 있지만, 특별히 역사의 예수(그분의 말씀, 모범, 가르침과 삶)께 초점을 맞추는 것이다. 또 하나는 인간과 친밀한 일치를 이루고 최고선이고 유일한 선이신 하느님께 인간의 마음을 인도하기 위해 예수 그리스도 안에서 자신을 내어주신 하느님 사랑의 구체적인 형

스코 안에서 예수는 겸손과 가난과 자기비하의 낮춤 안에서 겸손하신 하느님, 겸손 자체이신 하느님을 드러내준다.

32 육화에 중심을 둔 스코투스 학파의 신학적, 영성적 그리스도 중심성에서 수난과 십자가에 대한 강조가 매우 약했다면, 고난의 그리스도와 십자가에 못박히신 그리스도에 중심을 둔 프란치스칸들의 일상적인 신심생활과 증언 속에서는 육화에 초점을 맞춘 그리스도 중심적 시각이 부족했다. 도미니코 회원인 E. Schillebeeckx는 프란치스칸들이 동시에 실현해왔던 이 두 가지 경향 안에 놀라운 점이 있다고 보고 있다: cf. *La santificazione del nome di Dio nell'amore di Gesù per gli uomini*, in AA.VV., *Orizzonti attuali della teologia*, Paoline Roma 1966, p.70, n. 61.

33 이에 대해서는 세기의 역사 동안 프란치스칸 영성이 걸어왔던 과정을 잠시 살펴보는 것만으로도 충분할 것이다. 16세기부터 18세기까지의 모습은 O. van Asseldonk, *La spiritualité franciscaine du XVI au XVIII siècle*, in Laur 21 (1980), pp.94-109를 참조할 수 있다.

34 몇몇 학자들이 보나벤투라와 특히 스코투스의 그리스도 중심적 시각의 기초로 여기고 있는 비인준회칙 23,1-11; 권고 5,1을 고려해 볼 수 있다. 그 가운데 특히 Mathieu, *Cristo, suficiencia...*, cit., pp.347-354 (orig. franc. pp.6-12)를 참고할 수 있다.

태인 자기비하의 겸손과 가난을 강조하는 시각이다.[35]

지금까지 프란치스코 성인의 크리스천 삶의 원 체험을 살펴보았다. 이제 이 체험이 하느님과 교회와 인간과 세상의 의미와 같이 성 프란치스코가 가졌던 크리스천 체험의 기초적인 요소에 어떠한 특징을 남겼는지 살펴볼 것이다.

---

35 프란치스칸 영성에서 이러한 차원을 재검토하는 문제와 관련해 G. Iammarrone, *La testimonianza francescana nel mondo contemporaneo*, Messaggero, Padova 1988, pp.29-55: La sequela di Gesù Cristo를 참조할 수 있다.

하느님: 가난과 겸손 안에서 자유롭게 자신을 선사하는 사랑

제6장

1. 가난하고 겸손하고 자신을 낮추시는 하느님

이는 성 프란치스코와 프란치스칸 가족의 크리스천 체험의 중심 주제와 관련된 문제이다. 우리는 앞서 프란치스코 성인의 종교 체험을 연구했던 이들이 프란치스코가 생생한 관계 속에서 하느님을 체험한 점을 그의 영성의 본질적인 요소 가운데 하나로 지적하고 있음을 보았다. 그 가운데 여러 학자가 특별한 열성으로 이 주제를 심화하였는데,[1] 성

---

[1] AA.VV., *Dios en S. Francisco de Asís*, in «Reflejo»s 22 (1961), pp.53-96; S. Lopez, *Dios mío y todas mis cosas. Trascendencia y exclusividad de Dios en San Francisco*, in VyV 28 (1970), pp.47-82(또한 in SelFr, n. 3, 1972, pp.52-68); S. Lopez, *El Dios para quiene bailaba Francisco*, in VyV 34 (1976), pp.33-35; P.B. Beguin, *Visión de Dios en San Francisco*, in VyV 35 (1977), pp.47-71; 또한 D. CoviL. Iriarte-T. Matura-C. Texeira-A. Blasucci-L. Izzo-A. Rotzetter, *L'esperianza di Dio in Francesco d'Assisi*, Laurentianum, Roma 1982; O. Schmucki, *La visione di Dio nella pietà di san Francesco di Assisi*, in ItFr 57 (1982), pp.507-524; D. Barsotti, *Le Lodi di Dio altissimo*, Biblioteca Francescana, Milano 1982; A. Pompei, *Dio*, in DF, cc. 366-410; J. Micó, *Francisco, testigo de Dios*, in SelFr, 17 (1988), pp.169-191; T. Matura, *Dieu le Père très saint contemplé par François d'Assise*, Éditions Franciscaines, Paris 1990; J.B. Freyer, *Der demütige und geduldige Gott. Franziskus und sein Gottesbild-ein Vergleich mit der Tradition*, Johannes-Duns-Skotus Akademie, Mönchengladbach 1991.

프란치스코가 체험했던 하느님의 몇 가지 특징적인 면모를 지적하면 다음과 같다. 성 프란치스코의 하느님은 지극히 높으시고 전능하신 하느님, 지존하신 하느님, 거룩하신 하느님, 좋으신 하느님, 가까이 계시는 하느님, 사랑이신 하느님, 창조주이신 하느님, 주님이신 하느님, 삼위이시고 하나이신 하느님, 아버지 하느님, 성자이신 하느님, 성령이신 하느님, 살아 계시고 참되고, 전능하고, 어디에나 현존하고, 무엇이나 할 수 있고, 위로자이고, 선이고, 애덕이고, 자애롭고, 가까이 다가설 수 없고, 숭고하고, 강하고, 겸손하고, 인내심 많고, 연약하고, 거룩하고, 그 어떤 것보다 바랄만하고, 빛이고, 확실함이고, 안식이고, 강인한 하느님이시다.

프란치스코 성인이 하느님께 부여한 속성과 이름 86개[2] 가운데 단지 일부를 고찰하고 그 안에 담긴 하느님 체험을 정리해 보면, 성인에게 하느님은 성부, 삼위일체, 창조주 또는 구세주라기보다 기본적으로 하느님이 지니신 선과 생명을 그분의 피조물, 특히 외아들 예수의 모상이고, 죄로 상처를 입었지만 오직 그분의 은총으로 자녀다운 숭고한 존엄성을 되찾은 인간에게 베풀어 주기 위해 인간을 향해 열려 있고 자신을 낮추시는, 지극히 높으신 사랑으로 느껴지고 체험되고 찬미된 하느님이었다고 말할 수 있다.

---

2 성 프란치스코의 글에서 찾을 수 있는 신적 속성과 이름의 수와 명단은 T. Matura, *Francesco parla di Dio*, Edizioni Biblioteca Francescana, Möilano 1992, pp.1-9에서 볼 수 있다.

이 같은 하느님 체험은 인간 사이에서 하느님의 '겸손한 사랑의 성사'가 되셨고 모든 것을 철저하게 비우고 포기하시는 하느님께 인간이 드리는 사랑에 찬 응답의 길이 되신 겸손하고 가난한 예수 그리스도와 맺은 생생한 관계없이는 도저히 생각할 수 없다. 로체터는 이를 잘 서술하고 있다: "프란치스코의 하느님 체험은 늘 예수의 육화와 활동과 고통과 부활과 승천에 연결되어 있다. 예수는 프란치스코가 하느님을 관상하는 데 어떠한 방해도 되지 않는다. 오히려 성 다미아노 성당에서 십자가상의 예수를 만남으로써 프란치스코는 수난을 마음 속 깊이 새기게 되었고 그의 기도는 십자가와 죽음 당하신 어린 양을 포옹했다. 물론 예수에 대한 언급은 늘 모든 것 안에서 모든 것인 하느님께 되돌아갔다. 그러나 프란치스코는 하느님께 도달하게 해주는 그 같은 길을 따로 놔둘 수 없다."[3]

「권고」 1의 구조와 내용을 고려해 보면서 우리는 다음과 같이 말할 수 있을 것이다: "인간이 하느님에 대해 알 수 있는 것은 오직 하느님에게서 온다. 인간이 이런 체험을 하게 되면, 하느님은 자신의 선함으로 말미암아 인간이 근접할 수 없는 곳으로부터 나와서 인간에게 다가와 자신의 얼굴을 보여주며 나자렛 예수 안에서 자신을 드러내신다. 예수 안에 인간이 하느님께 도달하는 다리가 건설되었다. 그렇게 하느님은 인간에게 진리와 생명이 된다. 프란치스코에게 하느님에 대한 체험

---

[3] O.c., p.138.

은 오직 나자렛 예수를 통해서만 주어진다. 왜냐하면 하느님 스스로 당신의 아들 안에 만남의 가능성을 마련하셨기 때문이다.…… 프란치스코에게 예수가 배제된 하느님 체험이란 존재하지 않는다. 그의 신앙은 하느님의 육화라는 테두리 안에서 움직인다. 그에게 하느님 체험은 오직 예수를 만남으로써만 가능하다."[4]

지금 말한 것을 더욱 정확히 표현하면 프란치스코가 체험하고 느꼈던 예수는 지존하신 하느님, 출생에서 십자가에 이르기까지 가난하고 겸손한 사랑으로 역사 안에 계시되었던 하느님의 아들이며, 지금도 성체성사와 교회 안에서 겸손과 가난의 형상 속에서 끊임없이 자신을 내어주시는 분이다. 프란치스코는 그리스도에 대한 이러한 원체험으로 하느님을 이해하였다. 그분은 보잘것없는 인간의 처지에까지 내려오셔서 인간에게 자신을 더욱 잘 드러내 보이시고, 인간이 자기 비움과 모든 것에 대한 포기와 가난과 겸손과 낮음의 양식으로 하느님께 근본적인 사랑의 응답을 드리도록 하시는 겸손하고 가난한 사랑, 애덕, 선(善)이시다.

우리는 이러한 배경에서만 성 프란치스코의 글과 13세기의 전기 작품에 있는 의미 있는 표현들을 이해할 수 있다. 실제로 성인은, 성자 예수 그리스도께서 영광 중에 다스리고 계신 주님이시면서도 성체성사 안에서 끊임없이 보여주시는 겸손하고 가난한 사랑을 관상하면서 다음

---

4 *Ivi*, p.141.

과 같이 쓰고 있다: "오, 탄복하올 위대함이며 지고의 장엄이여! 오, 극치의 겸손이여! 오, 겸손의 극치여! 온 우주의 주인이시고 하느님이시며 하느님의 아들이신 분이 우리의 구원을 위해서 하찮은 빵의 형상 안에 당신을 숨기기까지 이렇게 겸손하시다니! 형제들이여, 하느님의 겸손을 보십시오."(형제편 27-28) 프란치스코의 눈은 지극히 높으신 분의 겸손에 고정되어 있다. 성체성사는 무엇보다도 지극히 높으신 분, 형언할 수 없고 전능하며 측량할 수 없을 만큼 위대하신 분의 사랑이 날마다 내려오시는 것임을 프란치스코에게 드러내 준다.

프란치스코가 하느님의 아들, 그래서 결국에는 하느님 자신의 지극히 겸손하고 가난한 사랑을 관상하면서 얻게 된 결론은 참으로 의미 깊다: "여러분이 이렇게 눈앞에 그분을 모시고 있으면서 다른 세상사에 마음을 쓴다면 참으로 가련하고 비참하고 나약합니다.…… 그분 앞에 여러분의 마음을 쏟으십시오. 그분이 여러분을 높여 주시도록 여러분도 겸손해지십시오. 그러므로 여러분에게 당신 자신 전부를 바치시는 분이 여러분 전부를 받으실 수 있도록 아무것도 여러분 자신을 위해서 남겨 두지 마십시오."(형제편 25.28-29) 인간은 예수 그리스도 안에서, 예수 그리스도를 통해 체험하게 된 하느님의 가난하고 겸손한 사랑 앞에서 모든 것을 버리고 오직 하느님으로 채워진 근본적인 사랑으로 응답하지 않을 수 없다. 이러한 하느님 체험은 「주님의 기도 풀이」의 기초가 된다: "당신의 뜻이 이루어지소서.…… 주님, 당신을 항상 생각함으로써 마음을 다하여 당신을 사랑하게 하소서. 당신을 항상 갈망함으로써 목숨을 다하여 당신을 사랑하게 하소서. 우리의 모든 지향을 당신께 두고 모든 일에 당신의 영예를 찾음으로써 생각을 다하여 당신을 사랑하게 하소서. 그리고 우리의 모든 힘과 영육의 감각을 다른 데에 허비하지 않고 당신 사랑의 봉사를 위해서만 바침으로써 힘을 다하여 당신을 사랑하게 하소서. 그리고 모든 이가 당신을 사랑하도록 우리의 힘이 닿는 대로 그들을 이끌면서 우리 몸과 같이 우리 이웃을 사랑하게 하소서."(주님기도 5)

프란치스코는, 하느님이 성자 안에서 겸손하고 가난하게 자신을 비우고 사랑 때문에 십자가에 못박히는 것조차 마다하지 않으신 사랑을 관상하며 경탄하여 「압소르베아트(Absorbeat)」라는 기도문에서 이렇게 외쳤다: "오, 주여, 당신을 사랑하는 그 사랑 때문에 나도 죽을 수 있도록, 당신 사랑의 불과도 같고 꿀과도 같은 힘으로 내 마음을 하늘 아래 있는 모든 것에서 빼내어 차지하소서."(압소르 1-2)[5]

---

[5] 이 기도문과 관련해 A. Rotzetter는 다음과 같이 보고 있다: "우리 인간을 위한 하느님의 사랑과 하느님을 위한 인간의 사랑 사이에 맺어야 할 상호관계를 이보다 더 강렬하고 함축적으로 드러낼 수는 없었을 것이다. 헤아릴 수 없는 하느님의 신비 안에서 사랑이 자라난다. 자신의 본질이 사랑인 하느님에게서 사랑이 시작되었고 이러한 사랑은 예수의 십자가상 죽음이라는 역사적 사건 안에서 자신의 생명을 바칠 만큼 큰 것이었다. 그러한 사랑에는 오직 같은 사랑으로만 응답할 수 있으니, 그것은 죽음 안에서 그 최종 귀결이 드러나는 사랑이다. 그러한 까닭에 프란치스코는 자신의 생명을 바칠 준비가 되어 있다. 그는 십자가에서 새로운 용기를 얻고 그 어떤 것도, 어느 누구에 대해서도 두려워하지 않는다: '모든 형제들은 어디에 있든지, 주 예수 그리스도께 자기 자신을 봉헌했고 자신의 몸을 내맡겼다는 것을 기억할 것입니다. 또한 그분의 사랑 때문에 볼 수 있거나 볼 수 없는 원수들에게도 자기 자신을 내어 놓아야 합니다.'": *o.c.*, p.166.

전기 작가들은 프란치스코가 그의 회개 초기부터 다음과 같이 외치고 다녔다고 서술하고 있다: "사랑이신 분이 사랑받지 못했습니다."; "우리는 우리를 무척이나 사랑하신 그분의 사랑을 한없이 사랑해야 합니다."(2첼 196) 로체터는 이렇게 쓰고 있다: "프란치스코가 겸손하신 하느님을 만난 것은 그의 삶의 동기와 목적을 잘 표현해 주는 '사랑에서 사랑으로'라는 매혹적인 말로 요약할 수 있다."[6] '사랑에서 사랑으로'라는 표현을 보면 에세르(K. Esser)와 하르딕(L. Hardick)이 쓴 책의 제목인 『사랑에 대한 응답(Risposta all'amore)』이 떠오른다.[7] 이 저자들은 이 제목으로 프란치스칸 삶의 본질을 표현하고 있다.

우리는 「인준받지 않은 회칙」 23장에서 프란치스코와 작은형제들의 회(會)가 당신의 사랑받는 아들이신 예수 그리스도를 통해 우리에게 대단히 큰일을 하신 하느님을 향하고 있음을 볼 수 있다: "우리는 충만한 선, 모든 선, 완전한 선, 참되시고 최고선이신 우리 창조주와 구세주이시고 유일하시고 진실하신 하느님 외에는 다른 아무것도, 홀로 선하시고 자비로우시고 양순하시고 감미로우신 하느님 외에는 다른 아무것도, 홀로 거룩하시고 정의로우시고 진실하시고 거룩하시며 의로우신 하느님 외에는 다른 아무것도, 홀로 인자하시고 무죄하시고 순수하신 하느님 외에는 다른 아무것도, 그분으로 말미암아 그분을 통하여 그분

---

[6] *O.c.*, p.166.

[7] 이 책의 이탈리아어 판은 1960년에 나온 독일어 둘째 판의 번역으로 Biblioteca Francescana를 통해 1978년 밀라노에서 출판되었다.

안에 회개한 모든 이들과 의로운 모든 이들과 하늘에서 함께 기뻐하는 모든 성도들의 모든 용서와 모든 은총과 모든 영광의 샘이신 하느님 외에는 다른 아무것도, 우리는 원하지도 바라지도 말며 다른 아무것에도 마음 두지 말고 만족하지도 맙시다. 그러므로 아무것도 우리를 방해하지 못하기를! 아무것도 우리를 떼어놓지 못하기를! 아무것도 그분과 우리 사이를 가로막지 못하기를! 우리는 모두 언제 어디서나 날마다 그리고 계속해서, 지극히 높으시고 지존하시고 영원하신 하느님을, 삼위이시고 일체이신 성부와 성자와 성령이신 하느님을, 만물의 창조주이시고 당신을 믿고 희망하고 사랑하는 모든 이의 구원자이신 하느님을, 시작도 마침도 없이 변할 수도 볼 수도 없고 표현할 수도 이루 다 말할 수도 없으며 이해할 수도 헤아릴 수도 없는 하느님을, 찬미와 영광과 영예와 찬양을 받으실 분, 지존하신 분, 높으신 분, 감미로우신 분, 사랑하올 분, 좋아할만한 분, 무엇보다도 온전히 세세 영원히 바랄만한 분을, 진실하고 겸손되이 믿어 마음 속 깊이 모시고 사랑하고 존경하고 흠숭하고 섬기고 찬미하고 찬양하며 영광과 영예를 드리고 찬송하고 감사드립시다."(비인준회칙 23,9-11)

성 프란치스코가 체험했던 하느님을 고찰하면서 성령께 부여된 중요한 기능과 비중에 대해 살펴보아야 한다. 이 주제는 최근에 상당히 중요하게 여겨져 심도있게 다루었다.[8] 프란치스코 성인에 따르면 신앙

---

8 특별히 R. Bartolini, *Lo Spirito del Signore. Francesco di Assisi guida all'esperienza dello Spirito Santo*, Porziuncola, Assisi 1982를 볼 수 있다; 또한 cf. I

의 삶은 모두 주님 성령의 활동 아래 놓여 있다. 이는 성령의 신적 활동을 통해 이어지는 영적인 여정인데, 특히 성자의 발자취를 따르고 성부께 나아가는 여정으로서 성령 활동의 열매이다. 이러한 점은 프란치스코가 「형제회에 보낸 편지」를 끝맺는 기도 안에 분명하게 드러난다. 이 기도는 뚜렷한 삼위일체적 구조를 지니고 있는데 프란치스코가 자신의 삶에서 체험했던 성령에 대해 밝혀준다: "전능하시고 영원하시며 의로우시고 자비하신 하느님, 당신 때문에 우리가 알고 있는 대로 당신이 원하시는 것을 불쌍한 우리로 하여금 실천케 하시고, 당신 마음에 드는 것을 항상 원하게 하시어, 내적으로 깨끗해지고 내적으로 빛을 받고 성령에 불타, 당신이 사랑하시는 아드님 우리 주 예수 그리스도의 발자취를 따를 수 있게 하소서. 그리고 오로지 당신의 은총으로만 지존하신 당신께 이르게 하소서. 당신은 완전한 삼위이시고 순수한 일체를 이루시며, 그 안에서 생활하시고 다스리시며, 세세대대로 전능하신 하느님의 영광을 받으시나이다. 아멘."(형제편 50-52)[9] 이 텍스트 안에 드러나는

Brady, *San Francesco uomo dello Spirito*, L.I.E.F., Vicenza 1978; O. van Asseldonk, *La lettera e lo spirito*, 2voll., Laurentianum, Roma 1985; 특히 *Lo spirito che dà vita e la lettera che uccide* (I, 11-28); *Spirito Santo* (II, 5-29); *Spirito Santo*, in *DF*, pp.1707-1738; *Lo Spirito Santo negli scritti e nella vita di santa Chiara* (II, 137-151); L. Iriarte, *o.c.*, pp.89-98: *Lo Spirito del Signore e la sua santa operazione*; M. Steiner, *El Espíritu Santo y la Fraternidad según los escritos de san Francisco*, in SelFr 31 (1982), pp.75-88.

9 그리스도와 일치하고 성부께 나아가는 크리스챤 여정 안에서 이 기도문이 보여주고 있는 성령의 역할에 대해 R. Bartolini, *o.c.*, pp.121-146을 볼 수 있다. 하느님께 무엇인가를 청원하는 몇 안 되는 기도 가운데 하나인 이 기도에서 프란치스코가 성서적인 전망(특히, 에페 2,18)에 얼마나 충실한지 주목할 만하다. 프란치스코가 드

겸손한 영성은 겸손하신 그리스도를 통해 자신을 주신 겸손하신 하느님 성령의 열매이다.

우리는 이상과 같은 프란치스코의 하느님 체험에 대해 다음 몇 가지 사항을 고찰해 볼 수 있다.

가) 성 프란치스코의 하느님 체험은 참된 의미에서 성서적이고 넓은 의미에서 전례적이기도 하다.

나) 프란치스코는 크리스천 신비주의와 친숙한 이미지와 개념을 폭넓게 사용하고 있다.[10]

다) 신적인 실재가 기본적으로 역동적인 전망과 역사적, 구세사적인 전망 안에서 파악되고 있다. 프란치스코가 체험하고 느끼고 찬미하는

리는 기도의 시작과 목표는 성부이고, 성령의 영감과 인도 아래, 스승이고 길이신 예수 그리스도를 통해 성부께 다가가며 탄원하고 있다. 성 프란치스코의 기도문 안에 나타나 있는 영적인 움직임에 대해서 L. Lehmann은 "기도의 삼위일체적 움직임은 프란치스코의 특징"이라고 말한다: «Gratias agimus tibi». Structure and content of chapter XXIII of the Regula non bullata, in D. Covi (a cura), L'esperienza di Dio in Francesco d'Assisi, cit., p.371.

10 프란치스코의 신비주의에 관해 O. Schmucki, The Mysticism of St. Francis in the Light of His Writings, in GrFr 3 (1989), pp.241-266 (orig. ted. 1986)을 참고할 수 있다. 저자는 이 주제를 다룬 이전의 모든 글을 언급하고 평가하며 자신의 견해를 표명하고 있다. 프란치스코의 신비주의에는 다양한 차원이 있다. 그러나 이것은 모두 하느님의 빛 속에서만 드러난다. 또 L. Antoine, François d'Assise mystique, in RS 68 (1988), pp.63-72를 참고할 수 있다.

하느님은 구원 역사 속에서 활동하시는 하느님이다. 그리고 성인이 자신의 하느님을 규명하면서 그분의 '존재'와 '본질'에 속성을 부여할 때면,[11] 그의 앞에는 언제나 성자 예수 그리스도 안에서 자신을 계시하고 내어주시는 하느님이 자리하고 있다.[12]

라) 하느님은 그저 하느님이시고, 때때로 지극히 거룩한 삼위일체이시며, 종종 하느님의 아들이고 인간이 되신 성자 예수 그리스도의 아버지이시다. 인간은 이러한 부자(父子) 관계에 성령을 통해 들어가도록 초대되고 있다(참조: 비인준회칙 22,41-55; 2신자편 56-60).[13]

마) 성부 하느님과 삼위일체이신 하느님은 인간의 역사 과정과 프란치스코의 영적 여정의 목표이기 때문에, 프란치스코의 신심과 영성에 나타난 그리스도 중심성은 신중히 그리고 정확한 개념 정립 후에만

11　이는 「인준받지 않은 회칙」 23장과, 특히 「지극히 높으신 하느님께 드리는 찬미」에 폭넓게 나타나고 있다.

12　Cf. G. Iammarrone, *Dio grazia e gloria dell'uomo. Testimonianza di san Francesco d'Assisi e sua attualità*, in MF 83 (1983), pp.421-442.

13　이 주제와 관련해 특히 다음 연구서를 참조할 수 있다: O. von Rieden (O. Schmucki), *Die Stellung Christi im Beten des hl. Franziskus von Assisi*, in WiWei 25 (1962), pp.188-212; Id., *La visione di Dio nella pietà di san Francesco d'Assisi*, in ItFr 57 (1982), pp.507-524; T. Matura, *«Mi Pater Sancte». Dieu comme Père dans les écrits de François*, in E. Covi (a cura), *L'esperienza di Dio in Francesco di Assisi*, Laurentianum, Roma 1982, pp.102-132; 특히 pp.131-132; Id., *Introduction. François d'Assise, Écrits*, Paris 1981; L. Iriarte, *Vocazione francescana*, Torino 1987², pp.80-88.

말할 수 있다.[14] 그렇지만 가난하고 겸손하며 십자가에서 자신을 온전히 내어놓기까지 성부의 뜻에 자신을 전적으로 봉헌한 예수 그리스도로 말미암아 열린 길을 통해서만 아버지이고 삼위일체이며 겸손하신 하느님께 도달할 수 있기 때문에(참조: 권고 1,1-7; 2신자편 4-14; 56-60 등), 가난하고 겸손하며 십자가에 못박히신 예수 그리스도는 성 프란치스코의 하느님 체험의 중심이고 근간이며 요체이다. 이 점과 관련해 레클레르(E. Leclerc)는 이렇게 적고 있다: "프란치스코가 관상한 하느님의 초월성은 철학자들이 관상한 하느님의 초월성과 아무런 상관이 없다. 하느님은 예수 그리스도와 육화의 신비 안에서 자신을 드러냈기 때문에, 저 멀리 자신 안에 틀어박힌 초월성이 아니다. 따라서 프란치스코가 '하느님의 겸손'이라고 부르는 것에서 육화를 분리할 수 없다. 지극히 높으신 분, 절대적인 존재, 전능하신 분이 하느님 아들의 인성 안에서 가장 가까운 분, 가장 겸손한 분으로 자신을 드러내셨다. 그리고 이는 프란치스코에게 순

---

14 최근에 몇몇 학자들이 이 점을 드러냈다. 두 사람만 언급하면: N. Nguyen van Khanh, *Gesù Cristo nel pensiero di san Francesco*, cit., pp.228-232; T. Matura, *Francesco parla di Dio*, cit., pp.15-62. 이 저자는 (1982년 프랑스어로 나온) 자신의 연구를 끝맺으며 다음과 같이 적고 있다: "만일 우리의 연구가 사실에 입각한 것이라면 - 그리고 프란치스코의 글에서 하느님, 그리스도, 성령을 다룬 다른 연구들도 마찬가지일 것이라고 보는데 - 우리가 프란치스칸 영성이라고 부르는 것의 재검토가 요구된다. 이러한 재검토의 내용은 프란치스코의 그리스도 중심성을 또 다른 관점과 또 다른 차원에서 보아야 한다는 것이다. 지금까지 소개되었던 프란치스코의 그리스도 중심성은 종종 삼위일체이신 하느님의 신비를 제대로 밝히지 못했다. 그러나 크리스천 신비의 중심인 이 신비는 또한 프란치스코의 중심적인 시각이었다. 예수는 길이고 진리이고 생명이다. 그러나 이는 우리를 성부께 인도한다는 사실에서 그러하다."

전히 의미 없는 것이 아니다. 가장 높은 분이 가장 낮은 이를 향해, 가장 부유한 분이 가장 비천한 이를 향해, 거룩한 분이 죄인을 향하는 이러한 움직임은 사랑이신 하느님의 존재 자체를 구성한다. 하느님의 모든 신비가 바로 이 안에 담겨 있어서 프란치스코는 끝없이 탄복하였다."[15]

프란치스코는 자신을 온전히 비우는 가운데 하느님의 사랑을 인간에게 드러내신 가난하고 겸손한 예수 그리스도를 체험함으로써 하느님과 성부와 삼위일체의 신비를, 그분의 넘치는 선과 생명으로[16] 모든 것과 모든 이를 풍요롭게 하기 위해 감미롭고 겸손하고 부드럽게 자신께

15　*La oración de un corazón puro*, in SelFr 7 (1974), p.38. De Gotía, *o.c.*, p.421의 견해 역시 좋다: "프란치스코의 기도는 하느님을 향하고 있다. 반면에 예수를 향하고 있는 기도는 드물다. 그러나 거기서 예수는, 하느님의 전능하심은 사랑이고 이 사랑은 오늘날 우리의 신학적 개념으로 보면 겸손과 비움과 자기비하라는 사실을 결정적으로 증명하고 있다. 여기서 프란치스코가 하느님을 묘사할 때 생기는 극명한 대조가 나오게 된다: '당신은 지극히 높으신 분이시나이다. - 당신은 겸손이시나이다.'(하느님찬미); '오 탄복하올 위대함이여! 오, 지극한 낮춤이여!'(형제편 27); '오, 극치의 겸손이여! 오, 겸손의 극치여!'(형제편 27)". D. Barsotti는 *Le lodi*, pp.74-75에서 다음과 같이 쓰고 있다: "프란치스코 안에서 겸손이란 무엇인가? 겸손은 단지 하느님과 관계를 맺는 조건이 아니라, 하느님 자신이다. 하느님은 창조물을 통해 우리에게 자신을 계시하신다. 그러나 더욱 완전한 계시는 그리스도이다. 그리고 그리스도는 프란치스코에게 겸손함이다. 그는 그리스도의 출생과 수난과 성체 안에서 그분의 겸손을 보며 크리스천 신비를 지극한 겸손의 신비로 경탄했다. 프란치스코 안에서 겸손은 그의 새롭고 경이로운 발견인데 이는 바로 사랑의 계시이다. 하느님은 사랑이고 사랑은 겸손이다."

16　D. Barsotti는 *Le lodi*, p.82에서 다음과 같이 쓰고 있다: "성 프란치스코는 '하느님의 겸손'을 외치고 있다. 그리스도는 프란치스코에게 하느님을 드러내는 최상의 계시이고 이러한 계시 안에서 프란치스코는 사랑이신 하느님을 알게 되었다."

로 끌어당기시는 사랑의 신비, 선의 원천으로 보게 되었다.[17]

바) 이미 말했듯이 성서적이고 전례적인 뿌리를 지닌 프란치스코의 하느님 체험은 완전히 새로운 것은 아니다.[18] 그렇지만 이것은 크리스천 영성 역사 안에서 뚜렷이 드러난다.[19] 몇몇 성인과 신자들이 그들의 영성생활에서 '가난하신 하느님'과 '겸손하신 하느님'을 강조한 것은 분명하지만 프란치스코가 했던 만큼은 아니었다.[20] 몇몇 학자들은 이 점

---

17 하느님을 선 자체, 온갖 선의 원천으로 보는 성 프란치스코의 체험에 대해 L. Iriarte, *Dios el bien, fuente de todo bien según S. Francisco*, in D. Covi (a cura), *L'esperienza di Dio in Francesco d'Assisi*, o.c., pp.77-101. 프란치스코 안에서 신앙생활의 삼위일체적 전망과 역동성에 대해 R. Bartolini, *Lo Spirito del Signore*, Porziuncola, Assisi 1982, pp.121-166; T. Matura, *Francesco parla di Dio*, cit., pp.15-62, 특히 pp.49ss.

18 이미 인용한 바 있는 *Der demütige und geduldige Gott*에서 J.B. Freyer는 프란치스코의 이러한 체험을 크리스천 영성 전통 속에 배치할 수 있다고 본다. 그는 자신의 연구 결론에서 다음과 같이 쓰고 있다: "비록 크리스천 전통(특히 희랍 교회의 전통)이, 예수 그리스도 안에서 하느님이 보여주신 위대한 사랑의 계시로 그분의 겸손과 인내에 대해 커다란 관심을 기울였지만, 프란치스코 성인은 이러한 영성 경향의 최고봉을 이룬다." "겸손과 인내는 인간이면서 하느님이신 분의 실존 양식을 특징짓는 기둥이다. 그리스도와 하느님에 대한 이러한 비전은 프란치스코의 삶과 작은형제들의 삶의 양식을 결정지었다."(pp.231-233)

19 프란치스코가 관상했던 '하느님의 겸손'에 대해 말하며 D. Barsotti는 다음과 같이 적고 있다: "이러한 표현은 크리스천 전통에서 새로운 것인 듯하다. 이것은 프란치스코 이후에 비교적 자주 등장하고 있고 십자가의 성 요한 안에서도 이러한 표현을 찾을 수 있다. 그러나 하느님을 겸손함으로 보는 시각은 프란치스코의 고유한 것이다. 실제로 겸손은 가난처럼 인간과 하느님의 관계에서 조건으로 나타날 따름이고 적어도 직접 하느님의 신적 속성으로 나타나지는 않는다. 반면에 성 프란치스코는 그것을 보고 있다.": *Le lodi*, pp.71-72.

20 하느님의 겸손이라는 주제에 대해서, F. Varillon, *L'humilité de Dieu*, in «Christus» 26 (1979), pp.421-431; Id., *L'umiltà di Dio*, Dehoniane, Bologna 1983; D.

이 현대 세계 안에서 하느님에 대한 크리스천 증언에 얼마나 고무적인지를 밝히려고 노력했다.[21] 이러한 논의는 나중에 살펴보겠다.

2. 프란치스칸 영성 역사 안에서 체험한 하느님

프란치스코 성인이 어떻게 하느님을 체험했는지 그의 삶과 신심과 글에서 알아보고, 프란치스코의 계승자라고 생각하는 작은형제회가 자신의 삶과 영적 스승과 신학자들과 성인들 안에서 그 같은 신적 체험을 얼마나 활기 있게 교회와 세상 안에서 지속해 나갔는지를 검토해 보는 것은 프란치스칸 영성의 임무이다. 우리는 여기서 프란치스코의 '작은 나무'인 성녀 글라라와 13세기 전기 사료들과 성 보나벤투라와 프란치스칸 가족의 영적 생활 안에 존재해온 하느님을 증언해 주는 내용을 주목해 보자.

영적으로 프란치스코 성인의 "작은 나무"(글유언 11)였던 성녀 글라라와 관련해 그의 글과 특히 서간에서, 가난한 부인회의 창설자인 글라

Barsotti, *o.c.*, pp.71-82; 최근에 R. Martinez De Pison, *El Dios «pobre». La influencia de San Francisco de Asís en la vida y en el pensamiento de Maurice Zundel*, in VyV 49 (1991), pp.473-489.

21 Cf. E. Covi, *Il Dio di Francesco e dell'uomo moderno. Convergenze e divergenze*, in E. Covi (a cura), *L'esperienza di Dio in Francesco di Assisi*, Roma 1982, pp.1-39; L. Iriarte, *o.c.*, pp.87-88; G. Iammarrone, *La testimonianza francescana nel mondo contemporaneo*, Padova 1988, pp.57-73.

라가 프란치스코가 실현했던 하느님 체험을 얼마나 깊이 자신의 것으로 삼았는지 알 수 있다. 성녀 안에서도 하느님과 그분의 신비에 대한 접근은 "우리들에게 길이 되신 하느님의 아들"(글유언 2) 예수 그리스도를 통해 이루어졌다. 성녀가 기억하고 있는 예수 그리스도는 그분 신비의 모든 측면을 총괄하고 있는 그리스도이시지만,[22] 글라라가 스스로 분명히 하고 있고 우리가 앞에서 언급하였듯이, 무엇보다도 "가난하게 구유에 누워 계셨고, 이 세상에서 가난하게 사셨으며, 십자가에 알몸으로 매달리신"(글유언 13) 주 그리스도이시다. 겸손하고 가난하신 그리스도에 대한 추구는 프라하의 성녀 아녜스(참조: 1아녜스 13.17; 2아녜스 18; 3아녜스 4.25 등)가 여러 차례 권고받았다. 가난하고 겸손하신 그리스도는 프라하의 성녀 아녜스가 자신의 삶을 봉헌하기로 했던 분과 일치하기 위해 반드시 바라보아야 할 거울이어야 한다는 것이다(참조: 4아녜스 18-26).

글라라에게 겸손하고 가난하고 십자가에 못박히신 그리스도는[23] 인간을 위해 자신을 바친 하느님 사랑의 명백한 표현이고, 천상의 왕이

---

[22] 이 점과 관련해 S. Lopez, *Lectura cristológica de los escritos y biografías de Francisco y Clara*, in SelFr 13 (1984), p.438을 볼 수 있다.

[23] 성녀 글라라의 그리스도 체험을 말하면서 인용했던 텍스트에서 볼 수 있는 것처럼, 글라라는 프란치스코와 달리(공식/비공식적인 전기가 아니라 성인의 글에서) '십자가에 못박히신 그리스도'와 일치하고 그리스도를 모방하는 것에 대해 '분명하게' 언급하고 있다. 프란치스코는 늘 자신 앞에 십자가를 두고, 십자가상에서 예수가 실현했던 희생과 봉헌에 대해 여러 번 언급하며 십자가를 깊이 체험하라고 제안하고 있지만, 그의 글에서 '십자가에 못박히신 예수(Crocifisso)'라는 명사를 결코 쓰지 않는다.

고 세상의 주인이신 분께서 당신 사랑의 불꽃으로 인간을 태우고, 거짓된 세상 사물에서 그들을 떼어내며 인간 마음이 영원한 선, 유일하고도 참된 선, 복되고 영원한 유산인 주님을 향하도록 인간 가운데 내려오신 분의 겸손과 사랑의 극치를 표현한다(참조: 특히 1아녜스 17-34). 그러므로 "사람들이 그분 안에서 풍요롭게 되도록 하려고 세상에서 하찮게 보이려 궁핍하고 가난했던"(1아녜스 19) 지극히 높으신 하느님의 아들은 인간에게 참된 생명의 길을 지시하고, 최상선이며 인간 삶의 끝없는 희망인 그분의 사랑으로 불태우기 위해 모든 것을 포기하고 자신을 모두 바친 신적 사랑의 계시이다. 글라라에게 하느님은, 겸손하고 가난하고 십자가에 못박히신 그리스도 안에서 자신의 모든 것을 바치고 그에 대한 교환으로 모든 것, 즉 겸손하고 청빈한 삶과 하느님이 아닌 것에 대한 포기와 최상선이며 유일한 선이신 하느님과 온전한 합치를 요청하는 제한 없는 사랑으로 자신을 드러내고 있다. 그래서 글라라는 아녜스에게 다음과 같이 쓰고 있다: "당신의 사랑 때문에 당신 자신을 완전히 내어주신 주님을 온전히 사랑하십시오."(3아녜스 15) 이는 프란치스코가 나날의 성찬 전례 안에서 형제들의 눈앞에 현존하시는 하느님의 놀랍도록 겸손하고 가난한 사랑을 관상하라고 권고했던 내용(참조: 형제편 26-29)을 충실하고 놀랍게 반영해 준다.

우리는 『프란치스칸 원천 사료집(Fonti Francescane)』[24]에 수집된 13세기

---

24 Movimento Francescano가 발행한 이탈리아어 판을 말하고 있다(Messaggero, Padova 1977); cf. 또한 약간의 차이를 보이고 있는 *editio minor*, Padova 1986.

전기 작품들을 훑어보면서, 프란치스코와 글라라 이후 프란치스카니즘 안에서 겸손하고 가난하신 하느님에 대한 체험과 표현이 상당히 약화되었음을 확인할 수 있다. 이 작품들 안에 겸손하고 가난하신 그리스도, 특히 프란치스코 성인이 라 베르나 산에서 오상을 받았던 사건의 영향으로 십자가에 못박히신 그리스도가 자주 등장하고 있고, 선이고 온갖 선의 원천이신 하느님에 대한 이미지가 매우 자주 나타나고 있지만(참조: 2첼 165; 대전기 9,1; 페루 43 등), 하느님 자신이 '겸손함'이고 '가난함'이라고 명시적으로 말하는 경우는 없다.

이와 다른 모습은 세라핌 박사인 성 보나벤투라의 신비적인 영성과 신학 저작 속에서 확인해 볼 수 있다. 그는 비(非) 프란치스칸적인 신학과 영성 경향, 특히 위(僞) 디오니시오와 아우구스티노의 신(新) 플라톤 영향과 성 빅토르 학파의 수도승적, 신비적 영향을 받았다. 그렇지만 보나벤투라는 프란치스코 성인의 영적 체험의 특징인 겸손하고 가난하신 하느님의 모습을 신학적 성찰의 차원에서 보존하고 심화해 가면서, 자신의 하느님 체험과 신학적 용어의 근원을 프란치스칸 인간, 더욱 정확하게는 성 프란치스코적인 인간 안에 분명히 두고 있다.

게르켄(A. Gerken)은 보나벤투라의 그리스도론 연구에서[25] 그리스도에 대한 보나벤투라의 신학적 성찰의 가장 고유한 측면은 프란치스코가 체험했던 하느님의 겸손과 가난에 뿌리내리고 있다고 밝혔다. 이 학자는

---

25 *Theologie des Wortes*, Patmos, Düsseldorf 1963 (tr. franc.: *Théologie du Verbe*, Editions Franciscaines, Paris 1971).

풍부한 자료와 깊이 있는 서술을 통해 '하느님의 겸손'[26]이라는 제목의 장을 전개하면서, 세라핌 박사 보나벤투라가 그리스도의 신비, 특히 하느님 아들의 육화와 가난과 십자가 신비를 성찰하였다고 한다. 보나벤투라는 영광스러운 하느님이 예수 그리스도 사건 안에서 악마적인 교만으로 뒤덮인 인간의 본질적인 허무함[27]을 드러내고 그분의 신적 생명으로 인간을 풍요롭게 하려고[28] 하느님에게서 한없이 멀리 떨어져 있고 더욱이 죄인인 인간 위치에까지 내려오는 사랑에 찬 낮춤과 불명예,[29] 자

---

26 Cf. *Die Demut Gottes*, pp.315-334.

27 보나벤투라는 다음과 같이 쓰고 있다: "그리스도는 우리가 오르도록 마련한 계단인 겸손으로 악마를 물리쳤다.…… 그는 실제로 육화를 겸손에 일치시키면서 악마의 오만 불손을 물리쳤다.": *In Ascensione Domini Sermo* IV, 3 (IX, 320b).

28 "여러분은 그리스도가 우리를 위해 가난을 받아들였다는 점을 이해해야 한다. …… 그리스도는 두 가지 이유로 가난한 자가 되셨으니, 곧 가난한 이들의 겸손을 드높이고 그들의 불행을 부유하게 채워주기 위해서였다": *In Epiphania Sermo 1* (IX, 147).

29 보나벤투라는 다음과 같이 쓰고 있다: "말씀이 육신을 취하셨다는 말로 자신의 위격 안에 인성을 받아들이기 위해 겸손하게 자신을 낮추신 영원하신 하느님의 천상 신비와 탄복할 성사와 장엄하고 한없는 은혜를 표현한다.": *In Nativitate Domini Sermo II, Explicatio* (IX, 106b). 이와 같은 '겸손한 성향' 또는 '낮춤'은 하느님이 인간이 되신 사건 육화 안에서만 드러나는 것이 아니라(하느님이 인간이 되신 사건 안에서 드러난 하느님의 겸손에 대해 보나벤투라는 자신의 글에서 다음과 같이 적고 있다: "인간이 되신 하느님의 낮춤, 즉 겸손은 너무나 커서 이성의 능력으로 이해하는 것을 초월한다.": *Hex.*, VIII, 5; V, 370a), 십자가상에서 자신을 온전히 비우기까지 가난과 겸손 속에서 사셨던 인간이 되신 하느님, 예수의 삶의 모든 형태 안에 나타나 있다. 보나벤투라는 수녀들에게 크리스천 완덕을 권고하면서 다음과 같이 쓰고 있다: "여러분은 그리스도께서 지극히 치욕적인 죽음을 겪으시기까지 겸손하셨다는 것과 나병 환자로 여겨질 만큼 자신을 낮추셨음을 기억하여야 합니다. …… 살아 계셨을 당시에도 그분보다 더 비천한 사람이 없었을 정도로 자신을 낮추셨습니다.": *De perfectione vitae ad sorores* II, 4 (VIII, 111a).

기비하와 자기 비움[30]을 받아들이셨음을 보고 있다. 그리고 보나벤투라는 프란치스코처럼 눈길을 성체께 고정하면서 육화(구유)와 십자가 죽음(십자가)보다[31] 더 크고 장엄하신 하느님의 겸손한 가난을 보고 있다.[32] 보나벤투라는 그리스도의 사명과 신비의 기원을 깊이 성찰하면서 육화의 이유가, 인간을 아직 피조물로 예견하기도 전에 인간을 향하여 자신을 선한 이로 계시하려는 하느님의 자비로우심이라고 한다. 이것은 인간에게 겸손하게 머리를 조아리고 자신을 낮추는 사랑이신 하느님의 모습이다. 그리고 겸손을 덧입은 사랑, 온갖 수식을 넘어 그저 경탄할 수밖에 없는 겸손한 사랑으로 하느님을 고백했던 프란치스코의 하느님

---

30 보나벤투라는 겸손한 사랑 안에 뿌리를 두고 있는 하느님의 자기비움인 지극히 높으신 아들의 자기비하를 다음과 같은 말로 묘사하고 있다: "하느님 아들의 자기비하는 포도나무의 가지를 치는 것과 같다. 마치 가지치기한 포도나무가 짧아지듯이, 참된 포도나무이신 우리 주 예수 그리스도께서도 육화하심으로써 천사들보다도 더 낮아지셨고(참조: 히브 2,7.9) 인간 사이에서 비천해지셨다. 어떻게 그렇게 되었는가? 영광은 수치의 칼에, 권능은 비천의 칼에, 즐거움은 고통의 칼에, 부유함은 가난의 칼에 각각 그분에게서 잘려 나갔다.": *Vitis mystica* II, 21 (VIII, 161). 이는 불명예와 굴욕과 고통과 가난으로 점철되었던 하느님 아들의 인간 삶에 대해 말하고 있는 내용이다.

31 Cf. *Sermo* 18 (사순 제4주일, n. 13, Bougerol, 265): "하느님의 아들이 육화를 통해 인성을 취하면서 인간의 형제가 되고, 수난의 고통을 감내하면서 우리 구속의 대가로 자신을 바치며 커다란 사랑과 호의의 표지를 주었는데, 성체 빵 속에서 자신을 바쳤을 때 가장 큰 사랑의 표지를 주었다." 이러한 보나벤투라의 생각과, 나아가 인간을 향해 동정심을 지닌 하느님에 대해 M. Schlosser, *Über das Mitleid Gottes*, in FS 72 (1990), pp.305-319를 참조할 수 있다.

32 성체는 겸손의 겉옷을 입은 사랑의 한 표현 양식이라는 점을 세라핌 박사 보나벤투라는 다음과 같이 탁월한 문장으로 확언하고 있다: "성체로 받는 힘과 위로는 사랑과 자신을 낮추는 겸손함과 관대함을 통해 주어졌다": *Feria quinta in Coena Domini Sermo V* (IX, 257b).

체험을 신학적으로 담고 있는 서술이다.[33]

보나벤투라 이후 프란치스칸 영성과 신학적 성찰을 잠시 주목해 보면, 그리스도론 영역에서 발생했던 강조점의 변화 - 오직 인간의 죄 때문에 겸손한 모습으로 육화하신 그리스도에 대한 집중; 다른 한편, 인간의 죄를 보상하는 분으로 주로 이해된 십자가에 못박히신 그리스도에 대한 집중 - 는 프란치스코가 실현하고 증언했던 하느님 체험과 다른 체험을 동반했다.

하느님에 대한 프란치스칸 영성 체험과 증언 및 신학적 성찰은 인간

---

33 하느님의 말씀이 창조를 (인간 안에서) 더욱 높이 완성하기 위해 인간이 되었다는 보나벤투라의 견해도 잘 알려져 있지만, 그는 죄에서 인간이 구원됨을 하느님의 아들이 육화된 주된 이유로 본다. 그는 이러한 생각과 해석을 다음과 같은 유명한 표현 안에 서술하고 있다: "비록 인류의 구속과 연결된 다른 목적이 많긴 하지만 육화의 주된 목적은 인류의 구속에 있다고 보인다."(III, 23). 그런데 많은 학자들은 그리스도의 신비를 바라보는 보나벤투라의 또 다른 견해를 놓쳐 버렸는데 그것은 "하느님의 엄청나게 큰 사랑과 그분의 자비"(III, d.1, a.2, q.2, ad 6; III, 27a)이다. 즉 인간의 죄가 아니라 하느님의 넘치는 사랑으로 하느님의 아들이 육화하였다(cf. ivi). 따라서 그리스도가 우리를 위해 있는 것이 아니라, 우리가 그리스도를 위해 있는 것이다. 정확히 말하면, 그리스도는 하느님이 자신을 낮추는 자비의 성사요 계시로서 죄인인 인간을 용서할 뿐 아니라, 인간을 당신 피조물로 생각하기도 전에 인간을 향해 겸손하게 자신을 낮추는 사랑으로 인간을 용서할 준비가 되어 있는 분이시다. A. Gerken이 보나벤투라의 이러한 생각을 정확히 이해했다. 프란치스코가 체험했던 하느님의 겸손한 사랑에 보나벤투라가 자신의 사상적 뿌리를 두고 있음을 잘 드러냈다고 본다: cf. o.c., pp.193-204. 이 저자는 201쪽에서 다음과 같이 예리하게 분석하고 있다: "보나벤투라의 견해는 결코 죄에 대한 교리에 중심을 두고 있는 것이 아니라 하느님의 숭고함, 더욱 정확히 말하면 사랑과 겸손과 연민의 하느님이라는 생각에 중심을 두고 있다. 그리스도 안에서 이루고자 한 하느님의 계획이 죄에 종속된 것이 아니라, 그리스도 안에서 계획하신 하느님의 사랑이 먼저이고 여기에 죄가 종속되는 것이다."

의 온갖 공로와 바람을 넘어, 지고한 개방성과 무상의 자기 선사를 통해 인간에게 확장되고 선사된 '사랑'이고 '선'이신 하느님, 그리스도의 육화뿐 아니라 수난과 죽음을 통해 해방시키는 사랑으로 드러나신 신적 존재를 그 특징과 중심 요소로 간직해간다.[34] 그런데 우리가 이미 보았듯이, 창설자의 하느님 체험을 특징지었고 성 보나벤투라의 사상, 특히 육화와 수난과 십자가에 대한 묵상에 여전히 살아 있었던 겸손과 가난과 낮음의 차원[35]이 덜 강조되거나 때때로 무시되기도 했다. 세기의

---

34 이러한 점과 관련해 성 보나벤투라는 물론 후에 복자 요한 둔스 스코투스, 시에나의 성 베르나르디노와 같은 프란치스칸 저술가들의 글에서 수많은 표현을 인용할 수 있을 것이다. 그 가운데 요한 둔스 스코투스의 표현 두 가지만 인용하면: 하느님은 사랑이시다. 그러므로 "하느님께서는 자신 밖에서 하는 모든 일을 자신의 지극히 커다란 사랑 때문에 하신다.": *R.P.*, I, d. 37, q. u.; XXIII, 191a; 하느님은 자유롭게 통교하시는 "최상선"이시고, 이로써 하느님은 필요성 때문이 아니라 "자신의 자유로움으로 자유롭게 통교하신다는 것을 드러내신다.": *Ox.*, I, d. 41; a. u.; X, 699b. 하느님은 퍼져나가고 친교를 창조하는 사랑이고 선함이시다. 세기의 역사 동안 프란치스칸 가족에게 하느님에 대한 이러한 언명은 의미 있는 유산의 하나로 남아 있었다.

35 A. Gerken은 앞에서 인용한 자신의 책에서 이 점과 관련된 자료를 폭넓게 제공해 주고 있다. 나아가 이 책의 중심 주제는 보나벤투라 성인의 모든 사고에 기초적 영감과 주된 골격이 되는, 겸손하고 가난하며 자신을 낮추는 하느님의 사랑에 대한 성 프란치스코적 성격을 드러내는 데 있다. 저자는 특히 다음과 같이 적고 있다: "하느님께서 육화되려고 하신 결정은 보나벤투라 안에서 단순한 의미에서 사랑이 아니라, 공허하고 열등한 것과 타자를 향한 사랑을 의미한다. 한마디로 겸손이라는 성격을 지니고 있는 것이다. 결국 육화 안에서 하느님의 겸손이 드러나고, 이 같은 겸손은 자신의 영원성 안에서 밖으로 자신을 내어주는 행위의 이유와 의미가 된다. 어둠과 가난 안에서 이루어진 예수의 전 생애는 하느님 안에서 자신을 낮추는 이러한 겸손한 사랑의 표현이다. 보나벤투라는 프란치스코에게서 육화에 대해 이 같은 시각을 받았다. 더욱 정확하게 말하자면, 이는 보나벤투라가 그 자체로 독립된 사건으로 간주되는 육화와, 가난과 십자가의 형태 아래 이루어진 육화를 구분짓는 것을 배격했던 참된 이유이다.": *o.c.*, pp.319-320. 반면에 스코투스와 그의

흐름 동안 스코투스 학파의 그리스도론적, 신학적 방향이 프란치스칸 신학을 지배했고 영성생활에 커다란 영향을 끼쳤다는 사실을 고려한다면,[36] 이러한 측면과 관련해 스코티즘 안에도 상당한 결함이 있었음을 알 수 있다. 그러므로 성 프란치스코와 성 보나벤투라의 하느님 체험을 회복하는 것은 프란치스칸 영성이 실현하고 증언해야 할 신적 사랑의 신비를 더욱 잘 보존하도록 해 줄 것이다.

학파는 이러한 구분을 받아들였다. 보나벤투라 안에서 하느님의 겸손한 사랑에 대해 Z. Hayes, *The Hidden Center*, o.c., p.36도 참조할 수 있다: "만약 신적 사랑이 육화의 이유라면, 여기서 사랑은 더욱 명확하게 말해 가난한 사랑으로 드러난다. 육화는 신적 겸손의 활동이다."

36 이와 관련해 J. Vazquez, *I tabù della storia dello scotismo*, in Ant 59 (1984), pp.337-392를 참조할 수 있다.

제7장

교회: 하느님 나라를 향해 참회 순례를 시작한 백성

1. 프란치스코가 본 교회

프란치스코의 영성 안에서 교회 또는 '교회에 대한 신심'(K. Esser)은, 성인이 자신의 글에서 '교회론'이라고 할 만한 것을 전개하지 않았고 교회의 신비에 대해서도 명백하게 다룬 바 없기 때문에 당장 눈에 띨 만큼 두드러진 것은 아닐지라도 매우 중요한 위치를 차지하고 있다. 분명한 점은, 프란치스코가 그의 영성 체험을 '교회 안에서' 실현했을 뿐 아니라 교회를 예수 그리스도께로 이끄는 '장'으로 여기면서, 인간을 제한없이 사랑하기 위해 성자를 통해 인간이 되기까지 자신을 낮추신 하느님의 부르심에 겸손하고 근본적인 사랑으로 응답하였다는 점이다.[1]

학자들은 프란치스코와 교회의 관계 및 교회에 대한 그의 태도를 대

---

[1] 성 프란치스코의 글에서 '교회'라는 단어가 등장하는 구절에 대한 모음과 분석은 T. Matura, *La Iglesia en los escritos de Francisco de Asís*, in SelFr 14 (1985), pp.27-44. 이 연구는 이전에 프랑스어로 나왔다: *L'Église dans les écrits de François d'Assise*, in Ant 57 (1982), pp.84-112; 또한 Idem, *Dieu le Père très saint*, pp.57-81: L' Église를 참조할 수 있다.

단히 주의 깊게 조명했는데, 특히 폴 사바티에(Paul Sabatier)가 『성 프란치스코의 생애(Vie de s. François)』²라는 책에서 로마 교황청이 프란치스코를 위압하여 그의 예언자적 카리스마를 완화하였다고 주장하면서부터이다. 우리 연구에서도 이 같은 문제를 고찰해 보아야 하겠으나 성인이 그의 영성 체험 속에서 교회를 신앙과 구원의 공동체로 본 방식을 살펴보는 데 우리의 주된 관심을 기울여야 할 것이다. 이러한 측면과 관련해 의미 있는 연구서들이 있다.³ 그러나 이 연구들은 우리가 가장 중요한

---

2 1894년 파리에서 처음 출판되었다. 최종판은 1931년에 역시 파리에서 나왔다. 가장 최근의 이탈리아 번역판은 1978년에 Mondadori 출판사에서 나왔다.

3 K. Esser, «*Sancta Mater Ecclesia Romana*». *La pietà ecclesiale di san Francesco d'Assisi*, in *Temi spirituali*, Milano 1981³, pp.139-158 (orig. ted. *«Sancta Mater Ecclesia Romana». Die Kirchenfrömmigkeit des hl. Franziskus von Assisi*, in WiWei 24 [1961], pp.1-26); Idem, «*Missarum sacramenta*». *La dottrina eucaristica di san Francesco d'Assisi*, ivi, pp.231-284(같은 잡지에 1960년에 실림); AA.VV., *La Chiesa e la spiritualità francescana*, OSF 7, Assisi 1964; W.Ch. van Dijk, *El franciscanismo, contestación permanente en la Iglesia*, in SelFr 3 (1972), pp.31-45; p.Beguin, *Francisco y la Iglesia*, in «Cuadernos Franciscanos», 28 (1974), pp.207-247; O. Schmucki, *Franziskus von Assisi erfährt Kirche in seiner Brüderschaft*, in FS 58 (1976), pp.1-26(스페인어로도 나왔음: *Francisco de Asís experimenta la Igelsia en su Fraternidad*, in SelFr VII [1978], pp.73-95); T. Matura, *San Francisco y la Iglesia*, in SelFr 8 (1979), pp.423-431; S. Lopez, *Espíritu, Palabra, Eucaristia, Iglesia*, in SelFr VII (1978), pp.269-286; A. Rotzetter, *La condizione: servire in seno alla Chiesa cattolica*, in AA.VV., *Vivere il Vangelo*, cit., pp.123-134; *San Francesco e la Chiesa*, Ant 57 (1982), pp.1-794; T. Szabo, *Chiesa*, in DF, cc. 185-217; T, Matura, *La Iglesia en los escritos de Francisco de Asís*, in SelFr XIV (1985), pp.27-44; H. Chaigne, *François d'Assise, l'Eucharistie et l'Église*, in «Évangile Aujourd'hui» 138 (1988), pp.5-19; L. Iriarte, *o.c.*, pp.65-73; J. Micó, *La Santa Madre Iglesia*, in SelFr XVIII (1989), pp.274-307; J.J. Buirette, *Francisco, hijo de la Iglesia*, ivi, pp.371-389.

요소라고 여기는 성 프란치스코의 교회성을 충분히 심화하고 있지 못할 뿐 아니라, 성 프란치스코의 교회적 시각을 앞에서 우리가 언급했던 '기본 체험'의 지평 위에서 설명해 내지 못하고 있는 듯하다.

먼저 성 프란치스코의 글 뿐 아니라 초기 프란치스칸 전기 작품들이 증언하고 있는 내용에 따르면, 프란치스코는 자신이 받은 독창적이고 고유한 성소와 카리스마를 뚜렷하게 인식하였는데 그것을 교회를 위해 교회 안에서 실현하도록 받은 선물로 여겼다. 아씨시의 귀도 주교에게 조언을 청하고 자신의 생활양식을 교황에게 승인받으려 했다는 사실은 이 같은 점을 증언해 준다.[4] 프란치스코가 교회를 '수리'하라는 소명과 임무를 받은 사건("프란치스코야, 가서 내 교회를 고쳐라!")을 강조하고 있는 여러 원천 사료의 내용은 프란치스칸 가족이 크리스천 공동체의 품 안에서 수행해야 했던 교회적 참여를 반영하고 있음이 틀림없다. 그러나 이러한 내용들은 프란치스코가 당대에 회개와 쇄신의 여정에 몰두했던 사람들과 뚜렷이 구별되었을 뿐 아니라 모든 학자들이 동의하고 있듯이, 로마 교회와 그 교회가 인도하는 그리스도께 절대적 충실성을 지녔던 성인의 실제적 지향과 구체적 실천과도 깊은 연관성이 있다. 사실 프란치스코가 실현했던 크리스천 삶의 시작과 끝에는 다음과 같은 핵심 요소가 있다. 바로 자신의 현존과 활동 양식이 고유함과 독창성을 띠는데도 교회의 구원 사명을 공유하고 교회의 일원으로서 교회에 깊

---

4 모든 원천 사료가 확인해 주고 있는 「유언」의 증언은 중요하다.

이 참여하는 것이다(참조: 비인준회칙 1,4; 인준회칙 1,3; 유언 24-26; 시에나유언 5).

그렇다면 프란치스코는 교회에 대해 어떻게 느꼈고 어떤 생각을 지니고 있었는가? 프란치스코는 이러한 물음 자체를 깊이 다루지 않았고, 그의 글에도 나타나지 않는다고 이미 말했다. 그렇지만 우리는 프란치스코가 자신의 삶과 소명의 핵심적인 사안이라고 여겼던 교회에 대한 소속감을 실현해 나간 방식을 토대로 이 물음에 대한 답변을 찾을 수 있을 것이다. 학자들은 프란치스코의 글과 그의 생애를 쓴 첫 전기 작품이 전해주는 내용에 기초해 여러 자료를 수집했다. 사실 프란치스코가 교회와 맺었던 관계 안에 역설적인 면이 있었음이 틀림없다. 한 학자는 다음과 같이 적고 있다: "한편으로 프란치스코는 당대 교회 안에 흐르던 정신과 태도와는 상반된 방향으로 움직이면서 여러 측면에서 중세 크리스천 세계를 개혁했다. 다른 한편, 프란치스코의 글에는 그의 영성의 가장 탁월한 점 가운데 하나라고 할 수 있는, 교회와 이루는 전적인 일치에 대한 내용과 염려가 소상하게 나타나 있다."[5]

13세기 교회는 복음의 견지에서 볼 때 문제가 적지 않았다. 그래서 프란치스코가 제안했던 새로운 형태의 크리스천 삶은 객관적으로 볼 때 자신의 삶의 양식에 대해 승인을 요청했던 당대 교회에 대해 암묵적인 비판을 형성했다. 물론 당대 교회 역시 성인의 복음적 계획이 내포하고 있는 비판적 측면을 어느 정도 수용했다. 그러나 역설적인 부분

---

5   J.J. Buirette, *o.c.*, p.317. 또한 T. Matura, *o.c.*, pp.39ss.

은 여전히 남아 있다. 인간적으로 말하자면 프란치스코와 교회는 대립과 충돌을 피할 수 없었다. 그렇지만 "우리는 프란치스코, 특히 그의 글 안에서 당대 제도 교회와 온전히 일치하려는 분명하고 확고한 의지, 더 나아가 일련의 친교회적인 애착을 보게 된다. 이는 교회에 남아 있으려는 신중한 결정일 뿐 아니라 '거룩한 교회의 발아래 항상 매여 순종'(인준회칙 12,4)하려는 확고한 의지의 표명이다."[6] 왜 그랬을까?

분열을 야기하고 이단에 떨어지는 데 대한 두려움, 새로운 인간관계를 제시하는 그의 '형제회'가 교회와 봉건사회에 수용되도록 하려는 바람, 프란치스코의 첫 여정부터 사랑으로 품어준 교회에 대한 일종의 모성애(귀도 주교, 인노첸시오 3세 교황)와 같은 인간적인 이유도 배제할 수 없다.[7]

그러나 참된 이유는 신앙에 있는데, 신학적이며 무엇보다 신비적인 이유 때문이다. 무엇보다도 프란치스코는 교회와 교회의 성사(특히 성체성사), 말씀 선포와 교회 성직자(부당한 성직자도 포함) 안에서 지상에 현존하고 있는 지극히 높으신 하느님 아들의 현존을 보고 있다. 이는 「유언」에서도 드러나듯이 프란치스코가 복음적 삶을 위해 투신할 필요를 느낀 초기부터 나타난다.[8] 주님께서는 처음부터 프란치스코를 교회로 인

---

6   *ivi*, pp.371-374. 또한 T. Matura, *o.c.*, pp.41-44.
7   납득할 만한 이들 이유에 대해서 J.J. Buirette, *o.c.*, pp.377-380을 참조할 수 있다.
8   Cf. *ivi*, pp.380-383.

도하셨다. 그래서 우리는 프란치스코가 감지할 수 있는 육체적인 예수의 현존이라는 주제에 열중했다고 말할 수 있다(프란치스코는 육적으로도 예수의 몸과 그분의 말씀과 이름을 보고자 했고 또 보았다: 참조: 성직편 3.6-12; 유언 13 ; 형제편 34-37).[9] 프란치스코는 그 같은 현존을 교회 안에서 발견했다. 프란치스코의 눈에 교회는 역사의 흐름 동안 매순간 사제(참조: 1신자편 34-36)와 신학자(참조: 유언 13)를 통해 마치 마리아처럼(참조: 형제편 26) 겸손하게 육신을 취하신, 지극히 높으신 하느님의 아들이며 영광스런 하느님이신 주 예수를 인간을 위해 다시금 밝히 드러내 주도록 부름받은 실재로 비쳤다. 교회의 이러한 성사적 측면 때문에 프란치스코에게 자신이 교회와 단절된다는 것은 곧 교회 안에 성사적으로 깊이 현존하고 계신 예수와 단절된다는 것과 같은 의미였다. 이것이 가톨릭 신자가 아닌 듯한 형제와 교회의 훈령을 따르지 않는 수사에게 엄격했던 참된 이유이다.[10]

이처럼 심오한 신학적, 신비적 비전 덕분에 성인에게 교회에 대한 믿음은 지극히 높으신 분의 신비에 대한 자신의 믿음을 시험하는 것이다.[11] 그래서 프란치스코가 교회에서 분리되어 나가고 이단에 떨어지지

---

9 Cf. *ivi*, pp.384-385.

10 Cf. T. Matura, *o.c.*, pp.39-40.

11 Buirette는 이 점과 관련해 다음과 같이 말하고 있다: "여기서 말하고 있는 신앙이란 큰 고통 속에서도 결국 교회 안에 머물고 교회에 매어 있도록 하는 믿음이 아니라, 대문자로 표현할 수 있는 믿음(FEDE), 즉 교회를 지각할 수 있는 방식이 필요하고, 전능하고 겸손하신 지극히 높으신 주님의 신비와 연결되어 있으며 더욱이

않은 것은 "무엇보다 그의 신학, 다시 말해 부활하고 전능하고 동시에 겸손하신 그리스도의 신비에 대한 그의 이해 덕분이었다. 교회는 프란치스코에게 이처럼 '상반된 신비'의 증거였다. 즉 교회는 하느님의 전능함이 드러나는 장이면서도 하느님 사랑이 매일같이 모욕당하고 비하를 겪는 장, 거룩한 동시에 비천한 종이며 죄의 장이고, 연약하면서도 하느님 은총이 승리하는 장이다."[12]

약함과 죄 또한 없지 않으며 육중한 사회적 측면을 지닌 교회의 이러한 성사적, 신비적 비전으로 프란치스코는 교회를 삼위일체이신 하느님의 성전(참조: 1신자편 48-53; 동정인사 1),[13] 하느님께 속한 백성(참조: 비인준회칙 23,6), 말씀 선포와 성사를 통한 구원의 공간, 만남과 회개의 장(참조: 비인준회칙 23,4-5.22,9-30), 진리의 기준(참조: 비인준회칙 2,2; 유언 30), 행동규범(참조: 인준회칙 3,1)[14]으로 체험하게 되었다.

그러나 우리에게는 아직도 성인의 교회 영성과 관련해 심화해야 할 것이 있는데, 그것은 전능하면서도 겸손하고 가난한 그리스도의 신비

동정 마리아의 소명과 신비와 유사하고, 교회를 그리스도의 강생 덕분에 하느님의 구원 계획 안에서 요청되고 예정되었던 것으로 보는 믿음이다. 그래서 교회에서 떨어져 나간다는 것은 모든 건물을 허물어 버리는 것과 같다고 보는 믿음이다.": *ivi*, p.389.

12 Cf. *ivi*, p.388.

13 교회에 대한 프란치스코의 시각에서 이러한 마리아적 측면은 특히 T. Matura, *o.c.*, pp.32-34에서 볼 수 있다(또한 *Francesco parla di Dio*, cit., pp.71-74).

14 교회에 대한 프란치스코의 신심에서 이러한 측면은 cf. T. Matura, *o.c.*, pp.32-43; 또한 J. Micó, *o.c.*, pp.289-305를 참조할 수 있다.

와 상응하는 방향에서 실현해야 한다. 이러한 심화를 위해 우리는 특히 교회 안에서, 교회의 사명 수행과 관련해 프란치스코가 형제회를 바라보는 시각과 결과적으로 신앙인들의 공동체인 교회에 대한 그의 체험을 제공하고 있는 「인준받지 않은 회칙」 23장과 성 프란치스코에 대한 전기 작품의 몇몇 구절에서 도움을 받을 수 있다.

교회에 대한 프란치스코의 태도를 연구해온 학자들의 글은 위에서 그의 신학적, 신비적 비전에 따라 언급했던 모든 태도와 감정, 즉 교계적 교회를 향해 키워나갔던 깊고 확신에 찬 존경심, 교황뿐 아니라 주교와 일반 성직자들이 교회 권위에 온전히 순종하려는 자세, 교회에 대한 생생한 소속감 등에 더 큰 관심을 기울였다. 반면에 이 연구들 가운데 단지 소수만 하느님 백성과 신앙인들의 공동체라는 차원에서 교회에 대한 프란치스코의 시각을 연구하였다.[15] 이리아르테는 다음과 같이 말하고 있다: "프란치스코의 생각에 교회는 교계 구조에만 국한되어 있지 않다. 교회란 머리이신 그리스도를 중심으로 모인 하느님의 백성이다. 하느님 백성은 이미 아버지의 집에서 하늘나라의 기쁨을 누리는 성인(聖人)들과 지상 교회에 사는 세례받은 신자, 아니 구원으로 부름받은 모든 세대의 인간들이다. 「인준받지 않은 회칙」 23장에서 성인은 교회론에 관하여 놀랄 만한 신학적 비전을 보여준다. 23장은 하늘과 땅의 주인이요 임금이신 지극히 높으신 하느님께 성인이 바치는 찬미와 감

---

15 이 연구들 가운데 L. Iriarte, *o.c.*, pp.69-70; T. Matura, in SelFr 1985, *o.c.*를 참조할 수 있다(또한 *Francesco parla di Dio*, cit., pp.74-77).

사가 담긴 열렬한 기도이다."[16] 실제로 성인에게 교회가 무엇이며 성인이 교회를 어떻게 느꼈는지 이해하려면, 「인준받지 않은 회칙」 23장을 주의 깊게 읽어야 한다.

이 본문을 살펴보기에 앞서 우리는 프란치스코의 교회 체험을 염두에 두어야 한다. 그는 자신의 체험을 자신이 설립한 형제회의 기초로 삼은 동시에 형제회 삶을 체험하면서 심화해 나갔다. 명백하고 의미 있는 역사적 사실은, 프란치스코가 자신과 더불어 복음적인 근본주의를 실현하려는 공통된 열망으로 고무된 모든 사회, 문화 계층 사람들을 주님께서 자신에게 형제로 계시해 주셨다고 생각하는 특별한 삶의 양식을 받아들였다는 점이다(참조: 유언 14-18). 만약 우리가 한 분이신 성부의 자녀들과 동정녀 마리아를 통해 모든 인간의 맏형이 되신 맏아들,[17] 엄위하신 주님의 형제들로 구성된 공동체로 인식했던 교회의 삶과 말씀을 통해 프란치스코가 형제성의 깊은 의미를 깨달았다는 점을 보지 못한다면, 그 시대에 참으로 새로운 것이라 할 수 있는 프란치스코의 정

---

16 *O.c.*, p.69. 또한 T. Matura, *o.c.*, pp.34-36.

17 흔히 「주님 수난 성무일도」라고 부르지만, 그리스도의 신비를 묵상하는 성무일도라고 부르는 것이 더 정확한 기도문의 한 구절이다: "영원부터 우리의 왕이신 하늘에 계신 아버지는 높은 곳에서 당신이 사랑하는 아들을 보내시어 복되신 동정녀 마리아에게서 나게 하셨도다. 그는 나를 향하여 '당신은 내 아버지'라 하리니, 나도 이 세상의 모든 임금보다도 높이 그를 맏아들로 세우리라." 여기서 예수는 '외아들'이 아니라 '맏아들'로 일컬어졌다. 이는 프란치스코가 하느님의 사랑받는 아들을 하느님의 자녀들로 구성된 가족의 맏아들로 관상하고 칭송한 표현으로, 이분은 복되신 동정 마리아를 통해 인간 가운데 오셨고, 맏아들을 중심으로 한 형제들의 가족 안에 한 자리를 차지하도록 불린 분이시다(참조: 2첼 198).

신을 온전히 이해할 수 없다. 이는 교회를 형제회로 바라본 프란치스코의 체험이자 시각인데, 이를 통해 프란치스코는 주님이 그에게 보내신 수많은 형제들에게 형제 관계와 구조를 제공해 줄 수 있었다.[18] 다른 한편, 자신의 수도 가족 안에서 매일같이 체험했던 형제성은 교회의 형제성에 대한 그의 시각은 물론, 형제로 느꼈고 공경했던 주 그리스도와 맺은 관계 역시 강화하고 심화하였다(참조: 특히 2신자편 56-60; 또한 비인준회칙 22,41-55).

따라서 프란치스코가 자신의 공동체에 새겨준 형제적 측면을 보면서, 비록 명시적인 형태는 아닐지라도 성인이 그 당대 사회와 교회의 수직적 봉건 구조에 맞서 수평적이고 친교적이며 형제적인 공동체 형태를 제시하고자 했다는 점을 지나치게 축소할 필요는 없다.[19] 오히려 성인은 교회적 실재를 기본적으로 형제회로 인식했는데, 교회의 이러한 가치는 한편으로 그의 형제 공동체의 존재 의미와 사명에 힘을 실어 주었다. 다른 한편 성인은 자신의 형제회 안에서 실현했던 형제적 삶의 체험으로 교회가 그리스도 안에 모인 형제들의 공동체로 심화되고 확

---

18 프란치스코가 실현했던 형제성의 의미와 성인 주변에 모여들었던 단체에 부여된 '형제회'라는 범주에 대해 T. Desbonnets, *Dall'intuizione all'istituzione*, cit., pp.81-100을 참조할 수 있다.

19 이 같은 의도는 오늘날 많은 학자들의 지지를 얻고 있다. 사실 프란치스코가 복음적 형제성이라는 가치를 의도적으로 실현했다는 점은 의심할 여지가 없다. 하지만 오늘날 온당치 않은 비판을 통해 흔히 제기하고 있는 것처럼 프란치스코가 그의 삶의 증언으로 교회에 대한 비판적인 시야를 제공했다는 견해가 반드시 확실한 것은 아니다.

장되어 가도록 인도했다.

이제 「인준받지 않은 회칙」 23장의 본문으로 돌아가면서 성인의 눈길이 구세사 전반으로 확장되고 있음을 확인해 보아야 한다. 먼저 프란치스코는 "전능하시고 지극히 높으시고 거룩하시며 지존하신 하느님, 거룩하고 의로우신 아버지, 하늘과 땅의 임금이신 주님"과, 성령의 힘 있는 성화 활동 안에서 당신이 사랑하는 아들, 참 하느님이고 참 인간인 예수 그리스도를 통해 모든 피조물을 창조하고 구원하려고 계획했던 그분의 거룩한 뜻(참조: 비인준회칙 23,1-5)을 구원 역사의 기초와 목표로 삼고 있다. 그 다음으로 "영화로우시고 지극히 복되신 평생 동정 마리아"를 정점으로 천사들과 구원된 인류(참조: v. 6)와 "보편되고 사도로부터 이어받은 거룩한 교회 안에서 주 하느님을 섬기기를 원하는 모든 사람들"(v. 7) 위에 구원 역사를 두고 있다. 이어서 프란치스코는 교회 안에서 품을 받은 모든 계층의 사람들과 평신도들을 열거하면서 큰 사람과 힘 있는 사람보다 작은 이와 가난한 이에게 우선권을 두고 있다(참조: v. 7). 끝으로 이러한 열거는 "무익한 종인 작은형제들"이 교회의 모든 구성원에게 다가가 그들이 구원을 획득하기 위해 "참된 신앙과 회개에 항구하도록" 하라는 초대로 끝맺고 있다(v. 7).

의미심장하게 끝나고 있는 이 구절은 성인이 교회를 바라보는 시각과 교회 안에서 그의 형제회를 바라보는 시각과 관련해 소중한 지침이 된다. 그것은 바로 하느님의 모든 백성, 즉 하늘에서 승리를 이미 쟁취한 백성과 땅에서 순례 중인 백성이다. 후자는 '회개'의 여정을 통해 영원한 목적지를 향해 길을 걷고 있는 신자 무리이다. 그리고 영원한 고향을 향해 회개의 삶을 걸어가고 있는 공동의 여정 중에 '작은형제들'은 특별한 기준점이 된다. 왜냐하면 비록 그들이 무익한 종일지라도 '회개'[20]하는 삶으로 부름받은 그리스도 교회의 본질적 차원을 상징적

---

20 교회와 프란치스칸 가족의 삶의 차원인 '회개'의 의미와 가치를 몇 가지 점에서 정확히 짚어보아야 한다. 복음적 의미에서 회개는 하느님 나라라는 관점에서 이해할 수 있다. 그래서 회개는 전체 크리스천 공동체가 다양한 카리스마가 있는데도 하느님 나라라는 가치 지평에 따라 받아들이고 증언하도록 부름받은 삶의 양식이다. 긍정적인 측면에서 볼 때, 하느님의 부성(父性)과 그 결과로 따라오는 인간적 형제애에 중심을 둔 삶의 양식이고 부정적인 측면에서 볼 때, 이러한 가치에 반하는 모든 것에 대항해 투쟁하는 삶의 양식이다. 이것을 모두 역사 안에서 실현해가면서도, 악의 경향과 힘에 대한 완전하고 결정적인 승리 뿐 아니라 신적 자녀됨과 인간적 형제성과 같은 가치가 미래에 비로소 완전히 실현되리라는 관점을 따라 살아가는 양식이다. 이러한 관점에서 바라본 그리스도 공동체로서의 교회는 지상 순례의 단계 동안 '회개하는 이들'의 공동체이다. 프란치스코와 초기의 프란치스칸 형제회는 교회 안에서 회개하는 삶을 그들의 소명으로 이해하였다(그들의 본래 이름은 '아씨시의 회개자들'이었다). 교회에서 승인받은 그들의 본래 삶의 계획은 회개하는 삶을 살고, 도덕적 권고로 회개를 설교하는 것이었다. 이러한 삶의 계획과 증언은 본질적으로 복음적인 것으로 사람들 가운데서 하느님 나라에 봉사하고 하느님 나라를 선포하는 것이었다. 이러한 점과 관련해 성 프란치스코와 초기 프란치스칸 형제회의 복음적 성격을 강조했던 학자들의 주장은 일리가 있다: cf. K. Esser-E. Grau, *Risposta all'amore*, cit., Milano³, 이 두 학자는 성 프란치스코의 증언을 바탕으로 '회개하는 삶'으로 이 책 전체의 내용을 전개하고 있다; K. Esser, *Origini e inizi del movimento e dell'Ordine francescano*, Jaca Book, Milano 1975, 특히 pp.196-201; O. Schmucki, *Le linee fondamentali della «forma vitae»*, cit., pp.202-205; R. Pazzelli, *Penitenza*, in DF, cc. 1271-1282; M. Conti, *Il messaggio spirituale di san Francesco d'Assisi*, cit., pp.369-377. 그런데 프란치스코가 교회의 실존적 차원이자 특히 작은형제들의 실존적 차원으로서 이해하고 실행했던 회개를 살펴보면서, 천상 사물에 대한 유일한 염려와 영원하지 않은 것에서 철저한 이탈 그리고 인간의 유일하고 참된 고향인 천상(하느님 나라)에 도달하려는 조급함과 같은 회개의 구성 요소나 회개의 중세적 색채를 고려하지 않는 것은 역사에 반하는 태도일 수 있다. 복음

으로 보여주기 때문이다. 그것은 바로 주 예수께서 지상 삶 속에서 봉사와 낮음의 표징 안에서 실현하셨던 가난하고 겸손한 삶의 방식이고, 이제는 영광을 누리시는 주님으로서 당신의 공동체 한가운데서 날마다 성체성사(참조: 형제편 26-37)와 형제들, 특히 가난한 형제들(참조: 비인준회칙 9,3; 또한 2첼 83.85) 안에서 다시금 촉구하고 계신 삶의 방식이며, 지극히 높으신 하느님께서 인간에 대한 사랑 때문에 당신 피조물과 친밀하게 대화하려고 자신의 엄위를 비우면서까지 선택했던 삶의 방식이다.

여기서 프란치스코는 교회의 모습을 항구한 회심의 자세로 하늘나라를 향해 '회개의 삶을 걷는 백성', 예수 그리스도 안에서 최상의 유일한 가치인 하느님께 회개하는 신앙의 장으로 바라보고 있으며,[21] 이러한 교회의 모습은 하느님의 겸손하고 가난한 사랑에 대한 응답인 겸손과 가난의 삶을 통해 더욱 적절한 표현양식을 찾으며, 이는 '회개생활을 하는 이들' 가운데 포함된 권세 있는 자들과 부유한 자들에 의해서도 실현될 수 있는 것이다.

성인은 지극히 높으시면서도 겸손하신 하느님 앞에서 가난하고 겸

의 진리를 일방적인 방식으로 강조했다고 말할 수 있고 중세 사회의 특징을 이루었다고 볼 수도 있는 이러한 회개의 성격은 성인과 그의 동료들이 실행하고 선포했던 '회개'에도 영향을 주었다. 비록 프란치스코를 '중세 세계' 저편에 두게 하는 그만의 고유한 실존양식이 있긴 하지만, 그 역시 중세기의 '회개하는 이들' 가운데 하나로 열거될 수 있다(cf. I. Magli, *Gli uomini della penitenza*, Garzanti, Milano 1977, pp.42-55).

21   이 점에 대해 T. Matura, *o.c.*, pp.39-40을 참조할 수 있다.

손하며, 가난한 이와 겸손한 이로 구성된 교회에 대한 비전을 지녔고, 그러한 교회의 가치를 구체적인 역사 안에서 실현했다. 프란치스코는 그가 살던 시대의 많은 이들과는 달리 교회가 초창기의 가난과 겸손으로 돌아갈 것을 비판적인 어조로 설파하지 않았다. 오히려 신학적, 그리스도론적, 인간학적 동기 위에서, 겸손하고 가난한 삶을 구체적으로 실현하고 증언하는 교회적 현존을 실현하려고 했으며, 그것을 진정한 복음적 삶의 보증으로 제시했다. 프란치스코는 이러한 의미에서 '가난한 교회'와 '가난한 이들로 이루어진 교회'의 면모를 제시하고 실현하려고 했던 것이다.[22]

교회에 대한 프란치스코의 독특한 체험과 비전 위에서 우리는 크리스천 삶과 작은형제회의 사명과 기능에 대해 그가 지녔던 생각을 더욱 잘 이해할 수 있다. 그것은 바로 특유의 가난하고 겸손하며 낮은 이로서 삶의 양식을 실행하고 자신의 무익함을 자각하면서 하느님 나라를 향해 회개하는 삶을 걷고 있는 겸손하고 가난한 하느님 백성의 '선구자'가 되는 것이다. 프란치스코는 결코 이러한 생각을 분명히 밝힌 바 없으나 그의 글과 프란치스칸 원천 사료들의 증언에서 충분히 유추해 낼 수 있다.

우리가 보기에 「인준받은 회칙」 6장(유언 24의 내용도 고려해 볼 수 있다)은

---

22 L. Boff의 책, *Francesco di Assisi. Un'alternativa umana e cristiana*, Cittadella, Assisi 1982, pp.73-119를 참조할 수 있다.

대단히 의미 깊다. 여기서 성인은 그의 형제회에 극단적인 가난에 기초한 생활양식을 근본적으로 요구하고 그러한 요구의 그리스도론적, 종말론적 이유를 언급하면서 그 참된 의미와 목표를 제시하고 있다. 즉 가난한 생활양식은 교회의 품 안에서 작은형제들에게 속한 '몫이자 부분'(이는 교회 카리스마의 선사자인 성령에게 받은 고유한 소명이라는 말로도 표현할 수 있다)으로서, 그들이 이 세상에서 모범적인 양식으로 순례자와 이방인이 되게 하고, 손쉽게 그들을 살아 있는 사람의 땅으로 아무런 장애 없이 인도한다는 것이다. 달리 말하면, 작은형제들이 종말을 향한 세상 안에서 현존하고 그 여정을 철저한 방식으로 걷도록 한다는 것이다. 이것이 바로 교회 본연의 삶이다. 다른 말로 표현하면 다음과 같다: 작은형제들은 주 예수 그리스도의 가난과 겸손을 교회 안에서 철저한 방식으로 실현하도록 부름받았다. 이는 프란치스칸들이 받은 특별한 카리스마로, 그들로 하여금 이 세상에서 살아 있는 자들의 땅을 향해 여정 중에 있는 순례자와 이방인이라는 교회의 공통된 소명을 철저한 방식으로 실현하게 하고 다른 모든 크리스천들에게도 증언하게 한다. 프란치스코의 이러한 교회론적 이해 안에서만 그 자신과 작은형제회의 겸손하고 가난하며 낮은 이의 삶의 양식에 대한 그의 지칠 줄 모르는 옹호를 깊이 이해할 수 있다. 이는 궁극적으로 겸손하고 가난한 예수 그리스도에 대한 체험과 하느님의 겸손함에 대한 체험에 그 뿌리를 두고 있다.

프란치스칸 전기 사료의 몇몇 구절은, 프란치스칸 형제회가 교회 안에 현존하면서 특별한 방식으로 가난과 겸손과 낮음을 증언하는 사명을 받게 된 내용을 프란치스코에게 돌리고 있다. 우리는 『완덕의 거울』에서 다음 내용을 읽을 수 있다: "어느 날 복된 프란치스코가 말하였다: 작은형제들의 수도회와 생활은 하느님의 아들이 이 마지막 시기에 당신의 성부께 청했던 작은 양떼이다. 성자께서 '아버지, 당신이 저에게 이 새롭고 겸손한 백성을 만들어 주시어 그들이 겸손과 가난에서 앞서 간 다른 모든 이들과 같지 않고 단지 저만으로 만족하기를 바랍니다.'라고 청하시자 성부께서는 당신이 사랑하는 아들에게 '내 아들아, 네가 청한 대로 이루어질 것이다.'라고 대답하셨다. 또 프란치스코는, 그의 형제들은 성자께서 성부께 청한 가난하고 겸손한 백성이므로 하느님은 그들이 작은 자로 불리기를 바란다고 하였다. 이 백성에 대해 성자께서는 복음에서 다음과 같이 말씀하고 계신다: '내 어린 양들이여, 두려워 마라. 네 아버지께서 너희에게 당신의 왕국을 주고자 하셨다.' 또 '너희가 여기 내 작은 형제들 가운데 하나에게 해준 것이 곧 나에게 해주는 것이다.' 여기서 주님께서는 영적으로 가난한 모든 이들에 대해 언급하고 계셨지만, 특별히 당신의 교회에서 생긴 작은형제들의 무리에 관해 말씀하고 계셨던 것이다."(완덕 26; 페루 67)

여기서 작은형제들은 교회 안에서 모범과 자극이 되어야 하며 예언자와 표징의 역할을 수행한다는 점이 분명하게 드러난다. 심지어 작은형제회 안으로 참된 교회의 본질을 흡수해 버리려는 의도마저 보인다. 이러한 내용은 실제로 프란치스코까지 거슬러 올라가지는 않는다. 사실 이러한 말들은 프란치스칸 가족의 자기 예찬을 드러내고 있다. 낮음의 정신이라고 보기에 어려운 이러한 정신은 13세기와 14세기 사이 수십 년에 걸쳐 작은형제회의 한 분파 안에 팽배하였는데 프란치스코의 깊은 의도를 부분적으로 드러내 주고 있다. 즉 프란치스칸 형제회는 겸손하고 가난하신 그리스도의 양떼인 교회 안에서 성령에게서 받은 사명과, 겸손하고 가난하게 자신을 비움으로써 사랑을 실현하신 예수 그리스도를 철저히 지향하는 가운데 겸손과 가난과 낮음이라는 교회의 전형적인 가치를 상징적으로 증언해야 한다. 창설자의 의도에 따르면, 프란치스칸 가족은 인간에 대한 사랑 때문에 가난하게 되신 겸손한 하느님의 아들인 그리스도가 이 세상에서 현존하는 표징인 가난한 교회, 가난한 이들의 교회 안에서 "가난한 이들"이다.

2. 세기의 흐름 동안 이어져온 프란치스칸 가족의 교회 영성

교회에 대한 이러한 성 프란치스코의 시각을 고려한다면, 프란치스칸의 교회적 삶과 교회론, 프란치스칸 가족의 역사 대부분과 다양한 개혁, 교회와 사회 안에서 활동했던 수많은 프란치스칸 사상가와 활동가의 특색 있는 개입을 깊이 이해할 수 있다. 우리는 파도바의 성 안토니오,[23] 성

---

23 안토니오 성인의 교회론에 대해 B. Bourg D'Iré, *L'ecclesiologia di sant'Antonio*, in AA.VV., *Sant'Antonio Dottore della Chiesa,* Città del Vaticano 1947, pp.173-194를 볼 수 있다.

보나벤투라,[24] 영성파들 특히 카살레의 우베르티노,[25] 오캄의 윌리엄,[26] 그밖의 다른 프란치스칸들의 교회론[27]을 주의 깊게 연구하면서, 그들의 교회론적 사고를 연결해 주는 일련의 동일한 중심 사상이 바닥에 깔려 있다는 사실을 알게 된다. 이는 다음과 같다: 교회는 이 세상에 속한 것이 아니다. 교회는 오직 하느님의 말씀으로 무장되고 주님의 은총에만 신뢰를 두며 진정한 고향은 여기가 아니라 하느님의 영원한 나라임을 자각하고 있는 가난하고 속화되지 않은 교회, '영적인 교회'여야 한다.

프란치스칸 가족은 여러 프란치스칸 개혁 운동의 본래 의도와 더불어 교회의 품 안에서 프란치스코를 통해 그리스도가 새겨준 사명을 훌륭하게 보존하려고 힘써왔고, 직간접적으로, 교회가 가난과 겸손과 지상 권력의 포기와 주님의 겸손하고 가난한 사랑을 증언하도록 촉구하여 왔다. 많은 프란치스칸들이 때때로 창설자의 정신과 달리 매우 비판

---

24 보나벤투라의 교회적 시각은 여러 학자가 연구하였다. 몇 가지만 언급하면: R. Silic, *Christus und die Kirche. Ihr Verhältnis nach der Lehre des hl. Bonaventura*, Breslau 1938; P.D. Fehlner, *The role of charity in the ecclesiology of St. Bonaventure*, Miscellanea Francescana, Roma 1965. 그렇지만 성 보나벤투라의 글에 나타나 있는 가난과 겸손에 대해서는 충분히 집중하지 못했다.

25 M. Damiata, *Pietà e storia nell'Arbor vitae di Ubertino da Casale*, Ed. Studi Francescani, Firenze 1988을 참조할 수 있다.

26 Cf. M. Damiata, Guglielmo d'Ockham: povertà e potere. *Il problema della povertà evangelica e francescana nei secoli XIII-XIV*. Origine del pensiero politico di G. d'Ockham, Firenze 1978.

27 프란치스카니즘의 교회적 비전과 관련해 E. Benz, *Ecclesia spiritualis. Kirchenidee und Geschichtstheologie der franziskanischen Reformation*, Stuttgart 1934가 기초적인 작품으로 남아 있다.

적인 목소리로 교회로 하여금 가난과 겸손을 증언하도록 촉구했던 것이 사실이다. 토디의 야코포네와 오캄의 윌리엄이 좋은 예이다.

이로써 우리는 교회와 크리스천 삶의 교회적 차원을 실현하고 증언하는 성 프란치스코적이고 프란치스칸적인 고유한 방식이 존재한다는 것을 알 수 있다. 이는 가난하고 겸손하고 십자가에 못박히신 예수 그리스도에 대한 그들의 고유한 체험과 선포에 기초를 두고 있는데, 프란치스칸들의 그리스도 체험과 교회적 체험 사이에는 서로 영향을 주고받는 밀접한 관계성이 과거에도 있었고 지금도 있다.

제8장

하느님의 말씀과 성체성사: 지극히 높으신 분의 아들이 인간 사이에서 받아들인 겸손한 현존 양식의 연장

교회 영성을 살펴본 후 성 프란치스코와 프란치스칸들이 하느님의 말씀과 성체께 지녔던 영적 태도를 살펴보는 것이 바람직하다.[1] 첫째 주제가 우리가 아는 한 최근에야 비로소 주의 깊은 연구의 대상이 되었다면, 둘째 주제는 이미 많이 연구되어온 프란치스칸 체험의 한 차원이다. 앞으로 보게 되듯이 이 주제와 관련해 참고 문헌이 많지만 모두 높은 가치를 지닌 것은 아니며 성체 신비를 바라보는 성 프란치스코의 '고유한 측면'을 깊이 조명하지도 못했다고 본다. 더욱이 이 두 주제를

---

[1] 하느님의 말씀과 성체가 분리된 채 연구되었고 학자들의 관심도 후자에 일방적으로 쏠렸다. 이는 프란치스코 안에 뿌리내리고 있는 의미심장한 프란치스칸 전통에 대해 유감스러우리만큼 관심없었던 결과이지만 우리는 이 두 가지를 모두 고려해볼 것이다. N. Nguyen van Khanh은 중세 영성사가인 F. Vandenbrouke의 다음 말을 인용하고 있다: "성경과 성체라는 두 식탁은 프란치스칸 안에 기원을 두고 있다." 이 중세 영성사가는 작은형제회 회원인 Davide d'Augusta와 Rodolfo di Biberach의 이름을 들고 있다. 베트남 출신인 작은형제회 회원은 다음과 같이 덧붙이고 있다: "두 식탁이라는 주제가 프란치스칸에 기원을 두고 있다는 것이 사실이라면, 무엇보다도 먼저 아씨시의 프란치스코를 인용할 필요가 있다. 물론 프란치스코 안에서 명백한 표현을 찾을 수 없지만, 그에게 성경이란 성체에서 분리될 수 없는 것이고 식탁 또는 호스티아이다.": *Gesù Cristo nel pensiero di san Francesco secondo i suoi scritti*, Milano 1984, p.290, n. 84.

다루면서 일반적으로 말씀과 성체에서 출발하여 교회에 대한 고찰을 전개했지 그 반대는 아니었다. 반면에 우리는 말씀과 성체에 대한 프란치스코의 영성을 성찰해 보기 전에 교회에 대한 그의 체험에 주의를 기울였다. 이러한 전개 방식이 더욱 논리적으로 보인다. 이는 성인이 교회에 대해 '성사적'이고 '신비적'인 비전을 가지고 있었는데, 이러한 시각 덕택에 신자들의 공동체인 교회 안에서 주 그리스도의 실제적인 현존을 이해했고 교회의 말씀과 성체를 지극히 높으신 분의 아들이 현존하는 표지와 장소로 공경할 수 있었기 때문이다.[2] 다른 한편, 프란치스코는 지금 우리가 살펴보려고 하는 주님의 말씀과 성체성사에 대한 깊은 비전으로 교회를 더욱 깊이 이해하게 되었다.

1. 성 프란치스코와 프란치스칸 삶 속에서 드러나는 하느님 말씀에 대한 영성

프란치스코 성인이 실현했던 하느님 말씀에 대한 영성은 최근에야 비로소 심오하고 유익한 연구의 주제가 되었다고 위에서 말한 바 있

---

[2] K. Esser는 성인의 교회적 비전을 다룬 유명한 그의 연구에서 다음과 같이 쓰고 있다: 프란치스코는 "하느님의 말씀을 들으면서, 축성된 성직자들 안에서 가시적이고 구체적으로 드러나는 교회의 중재를 체험했다."(*Sancta Mater Ecclesia Romana. La pietà ecclesiale di san Francesco d'Assisi*, in *Temi spirituali*, cit., p.150).

다.[3] 우리는 여기서 성인이 '하느님의 말씀에 다가가는 방식'과 그것을 읽는 방식에서[4] 보여 주고 있는 그만의 고유함과 깊이와 실천 가능한 면[5]을 살펴보려는 것이 아니다. 우리는 여기서 하느님이 당신의 구원 의도를 실현하려고 인류에게 끊임없이 주시는 말씀의 살아 있는 힘을 자신의 것으로 삼고 증언한 프란치스코의 방식만을 살펴볼 것이다.

우리는 우선 그의 글에서 '신적 말씀'이 무엇을 의도하는지를 정확히 규명하는 것에서 출발할 수 있다. 하느님은 사람들과 모든 피조물을

---

3 다음 책들을 참고할 수 있다: N. Nguyen van Khanh, *o.c.*, pp.255-290. 저자는 이 주제를 위해 한 장 전체를 할애하고 있다. 우리는 여기서 그의 책을 제일 먼저 소개하는데 본래는 그의 프랑스어 책이 1973년에 나왔기 때문이다; U. Occhialini, *Lectio divina monastica e spiritualità biblica di san Francesco*, in AA.VV., *Parola di Dio e Francesco d'Assisi*, Cittadella, Assisi 1982, pp.42-63; R. Bartolini, *Le parole del Signore e le parole dello Spirito Santo*. Per una teologia della parola del Signore secondo gli scritti di san Francesco d'Assisi, *ivi*, pp.248-291; Id., *Lo Spirito del Signore. Francesco di Assisi guida all'esperienza dello Spirito Santo*, Porziuncola, Assisi 1982, parte I, cap. II, pp.23-64: La parola di Dio come veicolo della presenza personale dello Spirito Santo; A. Drago, *Parola di Dio*, in DF, cc. 1199-1215.

4 이 주제와 관련해 1983년까지 나온 참고 문헌은 W. Viviani, *L'ermeneutica di Francesco d'Assisi. Indagine alla luce di Gv 13-17 nei suoi scritti*, Antonianum, Roma 1983에서 볼 수 있다. 특히 다음 책들을 참고할 수 있다: M. Conti, *La Sacra Scrittura nell'esperienza e negli scritti di san Francesco. Criteri ermeneutici*, in G. Cardaropoli-M. Conti (a cura), *Lettura biblico-teologica delle Fonti francescane*, Antonianum, Roma 1979, pp.19-59; A. Rotzetter, *Mistica e Vangelo sine glossa in Francesco d'Assisi*, in Conc 17 (1981), pp.1439-1454; T. Desbonnets, *La lettura francescana della Scrittura*, *ivi*, pp.1413-1427; 최근에는 D. Dozzi, *Come Francesco cita e interpreta il Vangelo*, in E. Covi-R. Raurell (a cura), *Metodi di lettura delle fonti francescane*, Collegio S. Lorenzo da Brindisi, Roma 1989, pp.176-198.

5 이 점과 관련해 D. Dozzi, *Il Vangelo nella Regola non bollata di Francesco d'Assisi*, Istituto Storico dei Cappuccini, Roma 1989, 특히 pp.379-393은 매우 유익하다.

통해서도 말씀하신다는 프란치스코의 깊은 확신(프란치스코가 깊이 있게 실행했던 이러한 확신은 모든 이들, 심지어 난폭한 이들에게도 순종하라는 초대에서 볼 수 있다)을 잠시 제쳐둔 채, 성인이 '주님의 지극히 거룩한 말씀' 또는 '주님의 감미로운 말씀'에 대해 말할 때 그는 "전례서 안에 있거나 성직자가 평신도들에게 설교로 전달한 성경 또는 전례적 말씀"[6]을 의도하고 있다.

프란치스코는 이러한 말씀에 성사적인 의미를 부여하고 있다. 즉 말씀 안에서 그리고 말씀을 통해 지극히 높으신 분이 '육체적으로'(corporaliter) 현존하고 계신다는 것이다. 성인은 다음과 같이 쓰고 있다: "우리가 죽음에서 생명으로 구원된 그분의 몸과 피와 이름과 말씀이 아니고서는 우리는 이 세상에서 지극히 높으신 분을 육체적으로 모실 수도 없고 볼 수도 없습니다."(성직편 3) 이 구절에서 볼 수 있는 것처럼 프란치스코는 성찬의 빵과 하느님의 신적 말씀을 같은 자리에 둔다. 이 두 가지 통로를 통해 우리는 이 세상에서 하느님의 아들을 '육체적으로' 보고 만날 수 있다. 같은 생각을 다른 본문에서도 유추해낼 수 있는데 예를 들면 다음과 같다: "성직자들이 말하고 전하고 거행하는 우리 주 예수 그리스도의 거룩하신 말씀과 피가 아니고서는 아무도 구원받을 수 없다는 사실을 우리는 모두 확신하고 있습니다. 다른 사람들이 아니라 그들만이 이런 직무를 해야 합니다."(2신자편 34-35)

주님의 말씀이 구원의 열매를 거두기 위해서는 말씀을 마땅한 존경

---

6 N. Nguyen van Khanh, *o.c.*, p.260.

심으로 모셔야 한다. 프란치스코는 하느님의 말씀에 대한 합당한 자세를 매우 강조한다. 이러한 측면과 관련해 프란치스코가 주님의 말씀을 얼마나 주의 깊게 경청해야 한다고 강조했는지, 또 주님의 말씀을 마땅한 신심으로 경청하지 않고 우리에게 하느님의 말씀이 전달되는 성경을 공경하지 않으면서 하느님의 말씀을 소홀히 다루는 잘못을 범하는 데 대해 얼마나 두려워했는지 그의 글에서 볼 수 있다(관련 구절은 많다. 성직편 1.6-7; 형제편 23; 성직편 12를 참조할 수 있다). 성인은 그의 형제들에게 다음과 같이 쓰고 있다: "나의 모든 형제들에게 훈계하며 그리스도 안에서 격려합니다. 어디에서든지 기록된 하느님의 말씀을 발견하게 되면 할 수 있는 데까지 최대 경의를 드러내기 바랍니다. 혹시 잘 정돈되어 있지 않거나 불경스럽게 흩어져 있으면 주워 모아서 보관하여 그 말씀을 하신 주님을 말씀 안에서 공경하십시오."(형제편 35-36)

주님의 말씀은 성령의 성화 활동을 통한 영이고 생명이다.[7] 말씀은 성체성사 안에서 빵과 포도주를 주님의 몸과 피가 되게 한다. 이와 관련해 프란치스코는 다음과 같이 장중하면서도 간결하게 쓰고 있다: "우리가 먼저 말씀으로 축성되지 않으면 (주님의) 몸이 현존할 수 없다는 것을 알고 있습니다."(성직편 2) 프란치스코는 말씀과 성체의 관계가 매우

---

[7] 이와 관련해 R. Bartolini, *Lo Spirito del Signore. Francesco di Assisi guida all'esperienza dello Spirito Santo*, Porziuncola, Assisi 1982, 특히 pp.23-64; O. van Asseldonk, *Lo Spirito del Signore e la sua santa operazione negli scritti di Francesco*, in E. Covi (a cura), *L'esperienza di Dio in Francesco*, Roma 1982, pp.133-195; Id., *Spirito Santo, spirito, spirituale*, in DF, cc. 1707-1735를 참조할 수 있다.

밀접하다고 보고 있다. 그래서 성인이 말씀과 성체 가운데 하나에 기울이는 관심은 또 다른 하나에 대한 관심으로 이어진다. 결국 프란치스코가 말씀을 보는 관점은 곧 성체를 보는 관점이다.

이제 그로 말미암아 드러나지 않게 실현되었던 말씀에 대한 영성의 한 측면을 살펴보자.

주님의 말씀 안에는 주님 자신이 성화할 목적으로 '육체적으로' 현존하고 있다. 말씀은 지극히 높으신 분의 아드님의 구원적 강생이 시간 속에 연장된 것이자 결코 감소되지 않고 끊임없이 구원을 촉구하는 그분 사랑의 표현이자 상징이다. 그러나 말씀은 그분의 위대한 사랑이 아무런 제한도 없이 겸손하고 가난하게 표현된 것이며, 너무나 연약한 자신을 그분의 전능하심과 너무나 먼 형태로 온전히 낮추면서 끊임없이 인간을 향하는 전능하신 분의 겸손한 현존을 드러내는 상징이다. 말씀 안에서 지극히 높으신 분은 자신을 부주의와 무관심과 멸시의 위험에 끊임없이 내어놓는다. 프란치스코는 이렇게 겸손하고 가난한 하느님의 사랑을 앞에 두고 주님의 말씀에 대한 인간의 무관심 때문에 괴로울 때면, 인간을 위해 비인격적인 물체인 양피지 조각과 '미사 전례서' 등의 형태 안에서 자신을 낮추어 긴밀한 친교를 나누고자 인간의 관심과 사랑을 구걸하는 하느님의 겸허하고 낮은 목소리를 경건하게 들으라고 인간들을 초대한다. 하느님의 말씀을 향한 이 같은 프란치스코 신심의 고유한 측면은 강조되고 드러나야 한다. 왜냐하면 겸손하고 가난한 그리스도는 하느님의 겸손한 사랑의 위대함과 영광스러움을 드러내는 성사인 동시에 인간이 하느님의 사랑에 철저하고 겸손한 사랑으로 자신을 바치게 하는 길인데, 그런 그리스도를 체험하면서 프란치스코가 하느님의 신비를 깨달아 얻게 된 기본적인 시각의 한 부분을 구성하기 때문이다. 이 측면은 대단히 흥미로운 것이다.

이러한 점에서 프란치스칸 가족이 창설자가 깊이 지녔던 하느님의 말씀에 대한 영성을 얼마만큼 보존하고 영성적으로 열매를 맺었는지 자문해 볼 만하다. 물론 프란치스코 수도회는 그들의 긴 역사 동안 설교(파도바의 성 안토니오와 시에나의 성 베르나르디노만 보더라도 그러하다)와 성경 주석과 신학 해설(성 보나벤투라, 리라의 니콜라와 오늘에까지 이르는 그 밖의 많은 이들을 기억할 수 있다) 분야에서 하느님 말씀에 대한 공경을 결코 소홀히 하지 않았다. 그러나 앞에서 언급했던 성 프란치스코의 성사적 비전을 프란치스칸 가족이 항상 심화하였는지, 그리스도의 육화와 인간 삶에 드러난 자기비하의 신비를 말씀에 그리고 말씀을 그리스도의 육화와 지상 삶에 드러난 자기비하의 신비에 밀접히 연결시켰는지 진지하게 자문해 볼 수 있다. 오직 주의 깊고 상세한 역사적 연구만이 이러한 문제에 대해 만족할 만한 해답을 줄 수 있을 것이다. 그러나 이 마지막 두 측면은 프란치스칸 가족의 역사 속에서 대체로 소홀히 다루어졌다고 보인다. 프란치스코의 아들들은 이러한 측면을 분명하게 회복하고 신자들에게 보급하며 오늘날 교회에서 생생하게 살아 있는 하느님 말씀의 영성에 제공할 수 있어야 한다.

2. 프란치스코의 성체 영성

프란치스코의 성체 영성은 많은 이들에 의해 다각도로 연구되었다.[8] 이는 주 그리스도께서 역사 안에서 구원적 현존이 특화된 자리인 교회를 통해[9] 말씀의 식탁 바로 곁에서 인간에게 차려 주시는 또 다른 식탁인 빵의 식탁과 관계되는 문제이다. 우선 학자들이 많이 드러냈던, 성체에 대한 성 프란치스코의 비전을 살펴보고,[10] 다음으로 가난하고 겸손한 예수 그리스도의 신비에 대한 그의 기본적인 체험의 한 부분인 성체에 대한 비전의 더욱 고유한 점을 찾아볼 것이다.

---

8   Cf. K. Esser, *La dottrina eucaristica di san Francesco d'Assisi*, in *Temi spirituali*, Milano 1967, pp.247-303(본래 독일어로 된 글은 1960년의 것); I. Schlauri, *Saint François et la Bible. Essai bibliographique de sa spiritualité évangélique*, in CF 40 (1970), pp.425-426(성체와 관련된 부분); E. Franceschini, *L'eucaristia negli scritti di san Francesco*, in AA.VV., *L'eucaristia nella spiritualità francescana*, OSF 3, Assisi 1972, pp.38-49(이 책 전체를 참조할 수 있다); N. Nguyen van Khanh, cit., pp.211-253; O. Lari, *Ostia sul mondo: san Francesco e l'eucaristia*, Siena 1977; L. Iriarte, *Vocazione francescana*, cit., pp.60-65; R. Falsini, *Eucaristia*, in DF, Padova 1983, cc. 519-548; G. Iammarrone, *L'eucaristia nella vita quotidiana*, Messaggero, Padova 1985, pp.507-519; C. Cargnoni, *L'eucaristia in San Francesco*, in «Il tesoro eucaristico», Siena (1989년과 1990년의 여러 호).

9   간혹 예외적인 경우도 있었지만 거의 모든 중세인처럼 프란치스코 역시 오직 보이는 교회 안에서만 하느님과 중재자이신 그리스도가 구원 은총을 베푼다고 확신했다는 점을 염두에 둘 만하다.

10 이러한 주제와 관련해 핵심을 잘 꿰뚫고 있다고 보이는 N. Nguyen van Khanh의 글에서 영감을 얻을 수 있다.

프란치스코의 전기를 쓴 평신도(L. Salvatorelli)의 말에 따르면, 성인의 성체 영성을 연구한다는 것은 단지 이론적인 요소만이 아니라 성인에게 '영혼의 재산'이 되었던 체험적 요소를 드러내는 것이다. 사바티에 역시 프란치스코가 그의 영적 여정 안에서 성체께 부여했던 중요성을 잘 드러냈다. 그는 다음과 같은 의미 있는 말을 남기고 있다: "교회, 사제, 성체, 성경은 하느님 권능의 다른 측면이다. 성경은 성체의 역사이고 성체는 하느님이 인간 안에서 실현하신 업적의 상징이다."[11]

우선 프란치스코의 성체 영성을 당시 크리스천 세계의 맥락 안에서 살펴보자. 이 점과 관련해 뉴엔 반 칸(N. Nguyen van Khanh)은 다음과 같이 쓰고 있다: "사제들과 신자들이 미사의 희생적 성격을 잃어버리고 영성체를 단념하려 할 때, 프란치스코는 복음과 교회의 가르침을 항상 따르면서 완전히 다른 모습을 제공해 주고 있다."[12] 우리는 이 점을, 성체 신비를 자신의 것으로 삼아가는 그의 방식에 주의를 기울이는 가운데 분명하게 볼 수 있을 것이다.

프란치스코는 자신이 지녔던 신앙의 비전으로 성체를 '육화 신비의 연장'으로 인식하였다.[13] 프란치스코는 성체에 대한 자신의 이러한 비전을 특히 「권고」 1에서 드러낸다. 하느님의 영원한 아들은 그 옛날 탄생

---

11   *Études inédites sur saint François d'Assise*, Paris 1932, p.49.

12   *O.c.*, p.218.

13   Cf. *ivi*, pp.219-232.

과 지상 삶을 통해 자신을 바침으로써, 볼 수 없는 아버지 하느님의 얼굴을 성령 안에서 인간들에게 드러냈고, 지금도 인간 사이에 계속해서 현존하면서 성체인 빵과 포도주 안에서 자신을 바침으로써 아버지를 인간에게 드러내고 있다(참조: 권고 1,10-12). 성인은 특별히 다음과 같이 말하고 있다: "당신 자신을 육으로 거룩한 사도들에게 보여주신 것과 마찬가지로 지금 축성된 빵으로 우리에게 당신 자신을 보여주십니다."(권고 1,19) 프란치스코는 성체 안에서 비록 사도들과는 다른 방식이지만 신앙의 눈(성령 안에서, 영적으로)으로 그분의 아들 안에서 지극히 높으신 분의 계시적 현존을 '육체적으로' 본다. 그는 성체 안에서 그 옛날 성부의 품에서 동정녀의 태중에 내려오면서(참조: 권고 1,16) 실현했던 육화 사건을 어떤 의미에서 날마다 되풀이하면서 성부를 드러내는 예수를 본다.

예수께서 자기 자신을 드러내면서 결국에는 성부를 드러내는 성체에 대한 이러한 비전은 성인의 글에 자주 나타난다. 「성직자들에게 보낸 편지」에서 이렇게 쓰고 있다: "죽음에서 생명으로 구원된 그분의 몸과 피와 이름과 말씀이 아니고서는 우리는 이 세상에서 지극히 높으신 분을 육체적으로 모실 수도 없고 볼 수도 없습니다."(성직편 3) 말씀에 몸과 피가 덧붙었다. 아니, 몸과 피가 앞섰다. 이보다 더 강하게 표현된 것은 「유언」의 내용이다: "사제들만이 축성하여 다른 이들에게 분배해 주는, 주님의 지극히 거룩한 몸과 피가 아니고서는 이 세상에서 하느님의 지극히 높으신 아드님을 내 육신의 눈으로 결코 보지 못합니다."(유언 10) 성체에 대한 이러한 시각은 제단의 성사를 이해하는 그의 영적 태도의 기본적인 차원이다. 이 점과 관련해 뉴엔 반 칸은 다음과 같이 쓰고 있다: "그리스도는 본질적으로 인간을 성부께 인도하시는 계시자이다. 그런데 한때 우리에게 하셨던 것처럼 인간 예수 그리스도 안에서가 아니라 성체 안에서 그렇게 하신다. 따라서 프란치스코에게 성체성사는 하느님을 계시했던 육화의 연장으로 보였다."[14]

그러나 프란치스코는 성체를 '구속적 수난의 기념'으로도 보고 있다. 성인은 성체라는 말을 결코 사용하지 않기 때문에 그가 사용하는 용어인 '주님의 몸과 피', '새로운 계약의 몸과 피'는 모든 세대 인간들의 구원을 위한 새로운 계약의 '참된 희생 제물'[15]이다. 이러한 생각은 중요한 다음 구절에 잘 나타나 있다: "아버지의 뜻은, 아버지께서 우리에게 주시고 우리를 위해 태어나신 복되고 영광스러운 아드님이 십자가의 제단 위에서 자신의 피로 자신을 희생 제물로 바치는 것이었습니다. 이것은 모든 것을 생기게 한 그분 자신을 위한 것이 아니라 우리의 죄 때문이었습니다. 그리고 우리에게 그러한 모범을 남겨 당신의 발자취를 따르게 하시려는 것이었습니다. 또한 우리가 모두 성자를 통해서 구원을 받고 우리가 깨끗한 마음과 정결한 육신으로 그분을 받아 모시기를 바라고 계십니다."(2신자편 11-14)

성체성사의 구원적 희생은 우리를 위한 성부의 사랑을 드러내는 표

---

14 *O.c.*, p.229.
15 성인의 글에서 사용된 '희생 제물'이라는 단어와 '희생하다', '거룩하게 하다'라는 동사는 베트남 학자의 책 233쪽 각주 34에서 볼 수 있다.

지인 동시에 우리를 위한 예수의 사랑을 기념하는 것이다. 이는 그리스도가 우리의 구원을 위해 성부께 키워나갔던 사랑과 우리를 위해 수난과 죽음을 겪을 수 있었던 사랑에 깊이 참여함을 의미한다. 이러한 측면은 「주님의 기도 풀이」에 매우 잘 표현되어 있다: "오늘 우리에게 일용할 양식을 주소서. 주님이 우리에게 가지셨던 사랑과 우리를 위하여 말씀하시고 행하시고 고통을 견디어 내신 것을 우리가 기억하고 이해하고 존경할 수 있도록, 사랑하시는 당신 아드님 우리 주 예수 그리스도를 오늘 우리에게 일용할 양식으로 주소서."(주님기도 6) 뉴엔 반 칸은 다음과 같이 잘 설명한다: "프란치스코가 성부께 청하는 일용할 양식은 그분이 사랑하는 아들이다. 프란치스코는 그분의 말씀과 행위와 고통 속에서 표현되는 성자의 사랑을 기억하고 이해하고 공경하기 위해 이를 청하고 있다. 프란치스코에게 성체성사의 일용할 양식은 그분의 지상 삶 전체를 통해 드러났고 특히 십자가에서 절정을 이룬 주님의 사랑에 대한 기념이다."[16]

마지막으로 프란치스코의 성체 체험의 또 다른 측면인 '형제적 사랑의 상징'도 기억해야 한다. 이러한 차원은 성인이 형제회 안에서 날마다 미사를 한 대만 거행하라는 규정(참조: 형제편 30-33)과 돌아가시기 전에 최후 만찬 행위를 재현(참조: 2첼 217; 완덕 88)한 데서 볼 수 있다. 성체성사가 신앙생활의 중심이 됨을 깊이 확신한 프란치스코에게 그 어떤 것

---

16 N. Nguyen van Khanh, *o.c.*, p.239.

도 성체성사의 신비보다 형제적 삶을 더 잘 표현하고 더 공고히 할 수 없었다.[17]

이렇게 프란치스코가 성체성사를 바라보는 깊은 측면은 주님의 몸과 피의 성사 앞에서 드러냈던 신앙의 기초를 이룬다. 즉 그 신앙은 그가 영성체를 자주 한 점,[18] 교회에 현존해 있는 그리스도에 대한 살아 있는 신앙과 거룩한 장소인 교회와 교회의 성구(聖具)에 대한 존경, 빵과 포도주를 축성하는 말씀과 구원의 성사인 성체성사의 직무자인 사제들에 대한 살아 있는 신앙이다.[19]

성인이 지녔던 성체 영성의 이 같은 측면을 강조하고 드러내는 것은 대단히 유익하다. 아니, 그의 성체 영성의 본질적인 요소들을 이해하기 위해 필수불가결한 일이다. 그러나 우리는 여기에서 멈추어서는 안 된다. 지금까지 언급했던 요소이면서 프란치스코의 성체 영성을 고유한 방식으로 특징지을 수 있는 또 다른 측면은 없는지 살피며 또 다른 발걸음을 내디뎌야 한다. 아무튼 우리는 그 같은 측면이 존재한다고 믿고 다음과 같은 방식으로 표현할 수 있다고 생각한다: 프란치스코는 성체성사의 신비 속에서 하느님이 당신 성자를 세상에 파견하면서 드러내

---

17 Cf. *ivi*, pp.239-242.

18 프란치스코가 성체를 자주 모셨다는 점의 역사적 의미에 대해서는 *ivi*, pp.242-246을 참조할 수 있다.

19 성인의 글과 다른 원천 사료에서 이러한 실행과 관련된 점은 *ivi*, pp.246-253을 참조할 수 있다.

셨던 겸손하고 가난하고 자신을 낮추는 사랑이 시간 안에서 연장되고 있음을 보고 체험하며 그것을 받아들이기를 권고하고 있다. 가난하게 태어나서 가난하게 살다가 맞은 굴욕적이고 버림받은 십자가상 죽음은 부활과 더불어 영광스런 삶으로 이어졌다. 부활은 이전의 자신을 비우던 겸손한 실존 형태를 폐기하지 않으며, 오히려 그것을 확증하고 강화한다. 이러한 생각을 발전시켜 보자.

성체성사의 신비는 (하느님 말씀의 신비와 더불어) 프란치스코의 눈과 마음에 하느님을 계시하는 육화가 시간 속에서 계속되는 것으로 보였다. 그러나 정확히 말하자면 이는 하느님의 사랑이 성자 안에서 인간과 통교하고 그들과 삶의 관계를 맺기 위해 받아들였던 겸손과 가난과 낮음과 비움 안에서 드러나는 육화 신비의 연장이다. 성인이 성체성사에 대해 말하고 있는 본문에서 보여주고 있는 개인적이고 새롭고 고유한 강조점은 성체성사의 신비에 대한 그의 심오한 이해를 말해준다. 본문을 주의 깊게 읽으면 쉽게 이해할 수 있다.

우선 프란치스코에게 성체성사는, 가난하신 하느님의 백성이고 회개하는 이들의 공동체이며 그 유일한 부(富)는 하느님과 그분의 사랑이고 영원한 생명에 대한 그분의 약속인 교회에 의해 시간 속에서 거행되는 그리스도 현존의 신비라 볼 수 있다. 이렇게 탁월한 신비의 봉사자는 단순한 사람들이며 종종 무지한 사람이고 죄인이기도 하다. 이러한 신비 속에서 지극히 높으신 분은 그들의 순수하지 못한 손과 죄스런 상태에 자신을 내어놓는 위험마저 감수한다(참조: 성직편 8).

그 다음으로 성인이 분명하게 강조한 것은, 성체 신비가 지극히 높으신 분께서 사랑을 위해 날마다 자신을 낮추시는 장소요 순간이라는 점이다.

프란치스코는, 예수님께서 시간 속에서 자신과 성부를 끊임없이 드러낸다면서 이렇게 덧붙이고 있다: "보십시오! 그분은 어좌에서 동정녀의 태중으로 오신 때와 같이 날마다 당신 자신을 낮추십니다. 날마다 그분은 겸손한 모습으로 우리에게로 오십니다.…… '나는 세상 끝날 때까지 너희와 함께 있겠다.'라고 스스로 말씀하셨듯이 주님은 당신을 믿는 이들과 함께 이런 형상으로 항상 계십니다."(권고 1,16.17.22)

프란치스코는 자기 마음의 느낌을 형제들에게 전하며 성체이신 예수의 신비를 어떻게 바라보고 실현해야 하는지 권고하고 있다: "들으십시오, 나의 형제들이여. 복되신 동정녀께서 지극히 거룩하신 태중에 그분을 품으신 것만으로도 공경을 받는 것이 지당하다면, 복된 세례자가 두려워하며 감히 하느님의 거룩한 머리에 손을 대지 못했다면, 그분이 잠시 동안 누워 계셨던 무덤도 존경을 받는다면, 하물며 이제 죽지 않고 영원히 살아 계시어 영광 받으시어, 천사들도 보고 싶어하는 분을 손으로 만지고, 마음과 입으로 영하며, 다른 이들이 영하도록 주는 사람은 당연히 거룩하고 의롭고 합당해야 하지 않겠습니까!…… 살아 계신 하느님의 아드님 그리스도께서 사제의 손 안에서 제대 위에 계실 때, 모든 사람들은 두려움에 싸이고 온 세상은 떨며 하늘은 환호할지이다! 오, 탄복하올 위대함이며 지고의 장엄이여! 오, 극치의 겸손이여! 오, 겸손의 극치여! 온 우주의 주인이시고 하느님이시며 하느님의 아들이신 분이 우리의 구원을 위해서 하찮은 빵의 형상 안에 당신을 숨기기까지 이렇게 겸손하시다니! 형제들이여, 하느님의 겸손을 보십시오. 그리고 그분 앞에 여러분의 마음을 쏟으십시오. 그분이 여러분을 높여 주시도록 여러분도 겸손해지십시오. 그러므로 여러분에게 당신 자신을 온전히 바치시는 분이 여러분을 온전히 받으실 수 있도록, 아무것도 여러분 자신을 위해서 남겨두지 마십시오."(형제편 21-22.26-29)

프란치스코가 지극히 높으신 하느님을 찬미하면서 "당신은 사랑이시고 애덕이시고 …… 당신은 겸손이시나이다."(하느님찬미 4)라고 말할 때, 그는 사랑을 위해 가난하고 겸손하게 되셨고(참조: 특히 2신자편 4-5), 그분 현존의 성사이고, 사랑 안에서 모든 인간을 성부께 다시 인도하고 성부와 화해시킬 목적으로 자신을 온전히 비우면서 성부의 손에 맡겼던 그리스도의 철저한 사랑의 기념(참조: 2신자편 11.12; 주님기도 6)인 말씀과 성체 신비의 겸손함 안에서 그분을 육체적으로 다시 보았음을 드러내 준다.

프란치스코는 성체성사 안에 영속하는 그리스도 신비의 더욱 깊은 의미에 대한 나날의 묵상으로 자신과 제자들이 선택한 '삶의 양식'에 더욱 분명한 의미와 윤곽을 부여하였다. 이는 위에서 인용한 본문에서 선명하게 드러난다. 하느님의 겸손, 즉 인간에게 자신을 온전히 주기 위해 자신의 위대함과 숭고함을 완전히 벗어버리고 자신을 낮추신(참조: 형제편 29) 그분 사랑의 놀라운 겸손에 탄복하면서, '작은형제' 프란치스코는 하느님 앞에 마음을 열고 더욱 철저한 가난으로 자신을 비우고 낮추며, 자신을 위해서는 아무것도 남겨두지 않으면서(참조: 형제편 29) 하느님의 크신 겸손에 응답해야 한다.[20]

성인의 개인적이고 고유한 성체 영성 안에는 그리스도와 하느님과 교회에 대한 그의 신비 체험뿐 아니라 교회의 새롭고 고유한 삶의 양식이며 사회에 의미심장한 인간적 증언을 제공해야 할, 그와 프란치스칸 가족의 소명에 대한 인식이 대단히 뚜렷하게 나타나 있다. 성체 안에서 사는 삶은 프란치스코에게 여러 크리스천적, 프란치스칸적 신심 형태 가운데 하나가 아니라 '작은형제'들이 나날의 삶 속에서 하느님의 업적을 실현하는 것이고, 그들의 고유한 삶의 양식을 강화하며 교회와 주님이 그들을 파견한 사회 안에서 증언하도록 부름받은 '신앙의 기본적인 내용들'을 그들의 정신 속에서 찾을 수 있게 하는 실재이다.

3. 프란치스칸 영성 안에서 실현해 온 성체 영성

---

[20] 성 프란치스코의 성체에 대한 K. Esser의 결론을 여기 인용한다: "성체에 대한 성 프란치스코의 전체 가르침을 다음과 같이 요약할 수 있다: '우리를 무척이나 사랑하신 그분의 사랑을 한없이 사랑해야 합니다.'(2첼 196) 결국 프란치스코에게 성체는 구원 업적 안에서 우리를 위해 자신을 바친 그리스도의 사랑의 영속적인 계시이다. 이러한 사랑은 프란치스코로 하여금 '사랑의 응답'을 드리도록 끊임없이 요구한다.…… 성인은 그렇게 '여러분에게 당신 자신을 온전히 바치시는 분이 여러분을 온전히 받으실 수 있도록 아무것도 여러분 자신을 위해서 남겨두지 마십시오.'라는 자신의 말을 달성한다.": *Temi spirituali*, p.284.

프란치스칸 가족은 성 프란치스코의 성체 영성을 세기의 역사 안에서 어떻게 실현해 왔는가? 이와 관련해 프란치스칸들이 성체 신비에 대해 지녀왔던 신심과 사상과 사목적 노력에 관심을 기울였던 연구들이 있다.[21] 여러 프란치스칸 성인들, 즉 파도바의 성 안토니오, 성 보나벤투라, 성 파스칼 바일런, 쿠베르티노의 성 요셉, 성 프란치스코 안토니오 파사니와 그 밖의 많은 이들이 성체와 관계된 신심과 묵상과 사목에서 두드러졌다.

팔시니(R. Falsini)는 그의 연구 결론에서 이렇게 적고 있다: "성체는 교회에서처럼 프란치스코의 성소에서도 원천이고 살아 있는 중심이다. 성체 안에서 프란치스코와 그 이후 그의 아들들은 신앙의 모든 신비, 즉 삼위일체, 육화와 구속 수난, 그리고 개인 성화와 교회 건설을 위해 그리스도가 말씀과 인격 안에 현존하시는 그리스도에 이르기까지 신앙의 모든 신비가 합류되는 것을 본다. 신앙의 눈길은 성사적 상징 위에서 사랑이신 분을 즉각 이해하고 그분과 변형적 일치를 이루려고 한다. 성사적 현존의 객체적 영역 안에 결코 갇혀 있지 않고 언제나 친교를 향해 열려 있는 그리스도에 대한 믿음은 성체성사의 모든 순간과 측면을 일치시키는 원리이다.…… 성체성사의 여러 측면에 대한 올바르고 균형 잡힌 신앙의 눈은 성 프란치스코가 남긴 더욱 값진 유산이고 ……

---

21 여러 연구를 모아 놓은 *L'eucaristia nella spiritualità francescana*, OSF 3, Assisi 1962; 또 R. Falsini, *Eucaristia*, in DF, cc. 542-547을 참조할 수 있다(프란치스칸 전통, 곧 프란치스칸 신학과 사도직과 신심 안에서 성체).

이는 제2차 바티칸 공의회가 제안한 새로운 전망 안에 통합되어야 할 것이다."[22]

그렇지만 프란치스칸 전통 안에서 이 주제를 살펴보면 성 프란치스코가 지녔던 성체 영성의 새롭고 고유한 측면(겸손하고 가난하신 하느님 사랑을 드러내주는 육화 신비의 연장이자 그 같은 하느님의 사랑에 겸손하게 자신을 비우는 사랑으로 응답하게 하는 길인 성체)을 프란치스칸들이 세기의 흐름 동안 교회의 성체 영성 안에서 제대로 드러내지 못했다는 인상을 받게 된다. 그러나 성 보나벤투라는 예외인지라 주목해볼 만하다.[23]

우리는 신앙인들의 깊은 영적 성숙과, 주님과 완전하고 결정적이며 열린 친교를 나누기 위해 순례 여정을 걷고 있는 교회 삶의 중심에 대한 풍요로운 신학적, 영성적 성찰을 위해 성 프란치스코가 지녔던 성체 영성의 고유한 측면을 회복하고 교회에 제공해야 한다고 믿는다.

---

22 *Ivi*, pp.546-547.
23 그리스도와 특히 성체 안에서 최고조로 드러난 '겸손하신 하느님'에 대한 보나벤투라의 시각에 대해서는 이미 앞에서 살펴본 내용을 참조할 수 있다.

제9장

마리아: 하느님의 모친이며 가난하신 동정녀

1. 영광스러운 어머니이며 가난하신 동정 마리아

성 프란치스코와 프란치스칸 영성의 구성 요소를 고찰하면서 프란치스칸 가족이 창설자의 영적 체험에서 출발하여 성모 마리아와 맺어 왔던 관계와 그들 신앙생활의 마리아적 차원에 대해 몇 가지 언급하고자 한다.[1]

우선 최근에 특히 제2차 바티칸 공의회와 그후, 교회와 마리아의 관계는 마리아론과 마리아 신심의 중심축이 되었다. 에세르가 성 프란치

---

1 이 주제와 관련해 많은 참고 문헌이 있다. A. Pompei, *Maria*, in DF, c. 952에 있는 참고 문헌 목록을 볼 수 있다; 또한 cf. L. Iriarte, *o.c.*, p.74, n. 1; Iriarte가 쓴 앞의 책, pp.74-79(내용은 짧지만 정확하고 명료하게 서술되어 있다); O. van Asseldonk, *Maria, Francesco e Chiara*, Collegio di S. Lorenzo da Brindisi, Roma 1989; C. Del Zotto, *Fondamenti dottrinali della devozione francescana a Maria*, in AA.VV., *Maria nella riflessione cristiana e nella spiritualità francescana*, LIEF, Vicenza 1990. 또한 최근의 연구는 아니지만 풍부한 정보를 담고 있는 O. Schmucki, *«De Seraphici Patris Francisci habitudine erga Beatissimam Virginem Mariam»*. *Regina Immaculata*, Istituto Storico dei Cappuccini, Roma 1956(최근에 영어로 번역되어 출간됨: in GrFr 5 [1991], pp.201-232: *St. Francis' Devotion toward the Blessed Virgin Mary*).

스코의 글에 대한 비평 작업을 통해 「복되신 동정 마리아께 드린 인사」에 있는 표현 "거룩한 부인이요 여왕이시여, 하느님의 어머니이시고 교회가 되신 동정녀여, 기뻐하소서."[2]를 되찾게 됨으로써 교회와 마리아의 관계는 프란치스칸 신학과 영성에서도 중요한 위치를 차지하게 되었다. 프란치스코는 교부시대까지 거슬러 올라가는 이 표현 안에서 마리아를, 순수한 신앙과 온전하고 깨끗한 마음으로 주님께 전적으로 자신을 바치는 신앙인들의 공동체가 되도록 부름받고 있는 교회의 원형이요 모델로 보았다. 프란치스코는 마리아가 교회의 본질을 충만하게 실현한 모범이라고 본 것이다.

그러나 성인은 마리아의 신비를 더욱더 높고 심오한 차원, 즉 마리아를 간택하고 은총으로 축성하신 삼위일체 하느님과 관계 안에서도 보고 있다. 프란치스코는 환희에 가득 차 다음과 같이 외치고 있다: "하늘에 계신 지극히 거룩하신 아버지께서 당신을 간택하시어, 그분의 지극히 거룩하신 사랑하시는 아드님과 협조자이신 성령과 함께 당신을 축성하셨나이다."(동정인사 2) 하느님의 간택은 동정 마리아로 하여금 "온갖 은총으로 가득한 분", 삼위일체이신 하느님의 합당한 "궁전"이며 "거룩한 장막", 하느님의 모친이 되게 할 뿐 아니라 당신의 말씀에 순종하는 "여종", 하느님의 신적 계획을 위한 겸손한 도구가 되게 한다(참조: 동정인사 3-5).

---

2 Messaggero, Padova 1986. K. Esser와 관련해 *Francesco di Assisi. Scritti*, Messaggero, Padova 1982, pp.544-552를 볼 수 있다. 이 표현과 관련해 H. Pyferoen이 이미 쓴 바 있다: *Ave... Dei Genitrix, quae es Virgo Ecclesia facta*, in Laur 12 (1971), pp.413-434.

이 글에서 성인은 마리아와 하느님의 세 위격 사이의 개별적인 관계를 뚜렷이 명시하고 있지 않다. 그 관계는 「주님의 수난 성무일도」에서 시간마다 일상적으로 바치던 마리아 '후렴'에서 드러난다. 이는 7-8세기까지 거슬러 올라가는 마리아 기도로, 그는 이 기도를 약간 바꾸어 바치고 있다. 이 기도문 안에서 프란치스코는 마리아를 다음과 같이 부르고 있다: "당신은, 지극히 높으시고 지존한 왕이신 천상 아버지의 딸이시며 여종이시옵고 지극히 거룩하신 우리 주 예수 그리스도의 어머니시며 성령의 정배이시옵니다."(수난 후렴 2) 성모께 드린 이 호칭들은 프란치스코만의 것은 아니다. 그러나 "성령의 정배"[3]라는 호칭은 프란치스코의 고유한 표현으로 보인다. 이러한 여러 호칭을 보면 프란치스코가 마리아의 신비를 어느 정도로 높이 두고 있는지 그리고 얼마나 깊은 눈길로 구원 사명을 보고 있는지 알 수 있다.

이러한 높이와 깊이는, 성인이 성경과 교회의 신앙에 대한 자각을 바탕으로, 단지 죄를 범한 인류가 아니라 하느님에 의해 창조된 일가족인 인류에게, 지극히 거룩하신 삼위일체 하느님이 자애롭고 형제적이며 부부 사이와 같은 사랑의 대화를 속삭이기 위해 허리를 굽힌 사랑의 역사 안에서 마리아가 맡았던 중심 위치와 역할을 애정 어린 찬미의 자세로 묵상하는 가운데 성취되었다. 첼라노의 토마스는 프란치스코가 그의 신앙생활 속에서 마리아에게 드렸던 신심의 깊은 이유를 분명히

---

3   이와 관련해 Iriarte, *o.c.*, p.76, n. 12를 참조할 수 있다.

증언해 주고 있다: "프란치스코는 예수님의 어머니에 대해 이루 형언할 수 없는 사랑으로 가득하였다. 성모님께서 엄위하신 주님을 우리의 형제가 되게 하셨기 때문이다. 그는 성모님을 특별히 찬미하였고, 기도를 쏟아 부었으며, 애정을 바쳤다. 인간의 혀로는 이루 다 헤아릴 수 없다."(2첼 198)

그런데도 하느님께 간택된 지극히 복되신 어머니요 여왕이며 동정녀이신 마리아를 '가난하신 동정녀이며 어머니'로 보고 느끼고 사랑하고 공경했던 성인의 여러 글을 제대로 평가하지 않는다면, 프란치스코의 마리아 영성의 풍요로움을 제대로 이해하지 못할 뿐 아니라, 의미 있고 독창적이며 중요한 차원을 놓쳐버릴 수 있다.[4] 이 차원은 중요하니 잠시 멈추어 살펴보자. 우선 성인의 글에서 참으로 뜻 깊은 몇몇 구절을 인용한다.[5]

프란치스코는 작은형제들이 실행하고 증언하도록 부름받은 가난에 대해 이렇게 설명하고 있다: "전능하시고 살아 계신 하느님의 아들 우리 주 예수 그리스도께서 '차돌처럼 당신 얼굴빛 변치 않으셨고' 또한 부끄러워하지 않으셨다는 것을 기억해야 할 것입니다. 또한 주님뿐만

---

4 이 점과 관련해 이미 오래 전 O. Schmucki는 다음과 같이 말하고 있다: "프란치스코는 마리아 안에서 그의 영성의 핵심적 측면인 가난에 대해 경탄했고 그것을 본받으려 했다.": *Francis' devotion toward Mary*, cit., p.232.

5 성 프란치스코의 마리아 신심과 관련된 글로는 특히 K. Esser, *Temi spirituali*, cit., pp.284-287; A. Pompei, *o.c.*, cc. 941-945; L. Iriarte, *o.c.*, pp.76-78을 볼 수 있다.

아니라 복되신 동정녀도 제자들도 가난하셨고 나그네 되셨으며 동냥으로 사셨다는 것을 기억해야 할 것입니다."(비인준회칙 9,4-5)[6]

프란치스코는「신자들에게 보낸 편지」에서 육화의 신비에 대해 말하면서 자신의 형제들에게 성부께서 당신의 말씀이 "거룩하고 영화로운 동정녀 마리아의 태중에" 임하도록 하고 "연약한 우리 인간과 똑같은 육신"(2신자편 1,4)을 취하게 하신 성부의 지극한 겸손을 지적하고 있다. 그러나 성인에게는 성모님을 통해 말씀이 취하신 지극한 겸손과 인간적 연약함을 기억하는 것으로 충분하지 않다. 그는 하느님의 아드님이 인간 가운데서 철저하게 자신을 비우고 가난하게 되셨으며 이러한 형태의 현존 양식에 당신의 모친이신 마리아 또한 참여케 결정하신 점을 상기해야 한다고 보았다: "그분은 '부요하셨지만'(2코린 8,9) 당신의 어머니이신 지극히 복되신 동정녀와 같이 이 세상에서 다른 모든 것보다 가난을 택하기를 원하셨습니다."(2신자편 1,5)[7] 그러나 더욱 중요한 본문은 프란치스코가「성녀 글라라에게 보낸 마지막 바람」으로, 여기서 프란치스코는 그가 선택한 복음적 삶의 핵심을 명쾌하게 요약하고 열성을 다해 확증한다: "나 작은형제 프란치스코는 지극히 높으신 우리

---

6 그리스도에 대한 프란치스코의 시각은 시대의 영향을 받았다. 그렇지만 "여우들도 굴이 있고 하늘의 새들도 보금자리가 있지만, 사람의 아들은 머리를 기댈 곳조차 없다."(마태 8,20; 참조: 루카 9,58)는 복음 구절이 늘 성인의 기억 속에 자리 잡고 있었음을 잊어서는 안 된다.

7 더욱 바람직한 번역은 "무엇보다 먼저 가난을 택하기를 원하셨습니다(volle scegliere al di sopra di tutto la povertà)."라고 본다.

제9장 마리아 147

주 예수 그리스도와 그분의 지극히 거룩하신 어머니의 생활과 가난을 따르고 끝날까지 그 생활 안에 항구하기를 원합니다."(마지막바람 1)

겸손하고 가난하신 예수와 가난하신 마리아의 모습은 죽음을 앞둔 성인의 눈과 정신에 나타난 마지막 모습이었다. 인생의 가장 극적인 순간에 그가 가장 사랑하고 아꼈던 존재가 의식의 표면에 다시 떠오른 것이다.

여러 전기들의 증언 역시 이 점에서 일치한다. 프란치스코는 언제나 자신의 눈과 마음에 성자의 가난에 참여하신 동정 마리아를 두고 있다. 몇몇 본문을 보면 다음과 같다: "그는 모든 가난한 사람들 안에서 가난한 부인의 아들을 보았고, 마리아가 손에 알몸으로 안고 있었던 그 아들을 그도 마음 안에 알몸으로 안았다."(2첼 83); "성인은 '형제가 가난한 사람을 볼 때 주님과 주님의 가난하신 어머니의 모습이 형제 앞에 마주하고 있는 것입니다'라고 말하였다."(2첼 85); "그리스도와 그분의 모친의 모범에 따라 우리는 참된 가난의 길을 택한 것이다."(페루 3); "이러한 이유로 그는 왕이신 그리스도와 여왕이신 성모님 안에서 뚜렷하게 빛난 이 가난의 덕을 왕다운 덕이라고 말하곤 하였다."(2첼 200)[8]

여기서 보듯이, 이러한 측면은 프란치스칸 가족의 마리아 영성을 특징짓는 차원과 관계된 문제이다. 그것은 프란치스코의 마리아 영성에서 결코 축소하거나 더욱이 잊어서는 안 될 중요한 요소일 뿐 아니라,

---

8 다른 구절은 K. Esser, *o.c.*, pp.204-207에서 볼 수 있다.

마리아 영성의 더욱 고유하고 독창적인 차원이다. 문제는 '십자가의 마리아론'(mariologia crucis)이라 표현할 수 있는 차원을 위에서 이미 언급한 다른 차원들, 즉 영광의 마리아론(mariologia gloriae)이라는 말로 표현할 수 있고, 언뜻 보기에 전자와 조화를 이루기 어려워 보이는 차원들과 통합하는 점이다.[9]

마리아를 향한 프란치스코 성인의 전형적인 접근 방식이, 겸손하고 가난하신 예수 그리스도에 대한 그의 고유한 체험이 마리아 영성 분야로 확장된 것이라고 볼 때 조화와 통합을 이룰 수 있다고 생각한다. 여왕이시고 영예로운 마리아는 하느님의 모친, 삼위일체이신 하느님에 의해 간택된 분, 지극히 높으신 분의 장막, 은총이 가득한 분이시지만 성자가 품어 안았던 가난과 겸손과 비움을 구체적으로 공유하면서, 하느님에 의해 인간을 향한 구원 사업에 참여하도록 부름받은 가난한 동정녀이시고 어머니이시다. 프란치스코가 마리아에 대해 체험했던 점을 지극히 높으신 하느님의 아들 예수 그리스도의 겸손을 향한 그의 독특하고 전형적인 접근 방식 안에서 우리가 이해한다면, 그의 신심이 '삼위일체이신 하느님께 간택된 분, 하느님의 영예로운 어머니, 여왕, 여

---

[9] I. Felder는 마리아의 가난한 삶을 작은형제들의 독특한 모범으로 보는 것은 마리아를 향한 프란치스코의 사랑과 쉽게 통합되기 어려운 점이라면서 하느님의 모친과 가난한 부인은 연결될 수 없는 두 가지 시각이라고 본다. K. Esser는 이러한 이원론적인 해석을 거부하면서, "이 두 측면을 함께 보아야 한다."고 주장하였다: *Temi spirituali*, p.304, n. 50. 그렇지만 자신의 견해를 정당화할 만한 충분한 이유를 제시하지 않는다.

주인, 은총이 가득하신 분으로 관상된 마리아'에서 '가난과 겸손과 철저한 비움 안에서 그리스도처럼 인간을 향한 사랑과 구원 계획에 협력하도록 하느님께 부름받은 가난한 어머니, 가난한 동정녀, 가난한 여왕으로 관상된 마리아'로 어렵지 않게 옮겨갈 수 있었음을 알게 될 것이다. 더 나아가 프란치스코가 자기 비움의 관점에서 마리아를 가난한 동정녀이며 어머니로 이해하는 시각으로, 앞서 '영광스러운' 마리아라고 불렀던 일련의 마리아적 언명의 신학적 가치를 더욱 깊이 파악할 수 있다. 하느님의 어머니, 은총이 가득하신 분, 여주인이신 마리아는 또한 그분이 마니피캇에서 감사와 찬미를 드렸던 전능하시고 거룩하신 분께 모든 것을 받았던 '겸손하고 가난한 여종'이었고 언제나 그러하다.

성인의 마리아 체험의 가장 고유한 측면은 앞에서 설명했듯이 예수 그리스도와 하느님과 교회와 성체에 대한 그의 고유한 체험과 연결했을 때만 온전하게 이해할 수 있다고 결론지을 수 있다.

2. 프란치스칸 영성 안에서 본 마리아

모든 프란치스칸 영성학자들은 프란치스코 성인의 신앙 체험과 그 이후 모든 프란치스칸 가족의 영성생활 속에서 마리아 영성을 강조하는 데 일치하고 있다. 그러나 여러 세기 동안 마리아의 모습이 어떻게 프란치스칸 영성 안에서 묘사되고 증언되었는가? 물론 이 같은 질문에

단 몇 마디 문장이나 몇 페이지로 대답할 수는 없다. 어쩌면 프란치스칸들의 신심과 일상 삶과 신학과 설교에 대해 더욱 엄밀한 연구가 필요할지도 모른다. 그리고 이미 시작된 연구들은 더 비판적인 정신 안에서 앞으로 계속 심화되어야 할 것이다.[10]

우리는 프란치스칸 마리아 영성에 대해 종합적인 평가를 해볼 수 있다. 성인의 마리아 영성 안에서 우리는 위에서 언급한 두 가지 기본 요소, 즉 예수의 어머니인 마리아의 신비에 담긴 영광스러운 차원과 자기 비움의 차원을 찾아볼 수 있다.[11]

동시에 존재하는 이 두 가지 요소는 성녀 글라라 영성 안에서도 확인할 수 있다.[12] 글라라 성녀는 마리아에 대한 깊은 신심을 지녔고 마리아를 어머니로 삶의 모범으로 공경하였다.[13] 프란치스코의 '작은 나무'인 글라라는 지극히 높으신 분의 아드님과 인간들의 영화로우신 어머니의 동정성과 겸손과 가난을 특히 공경하였다. 글라라는 프라하의 성녀 아녜스에게 다음과 같이 쓰고 있다: "하늘도 담을 수 없었지만 동정녀께서 잉태하시고 거룩한 태중의 작고 은밀한 곳에 모셨고, 동정의 품

10　*La Madonna nella spiritualità francescana*, OSF 5, Assisi 1963에 있는 여러 연구를 참조할 수 있다.

11　이 둘째 측면에 대해서는 L. Cignelli, *Maria nella famiglia dei poveri*, Porziuncola, Assisi 1969를 참조할 수 있다.

12　이 점과 관련해 L. Hardick, *La spiritualità di santa Chiara*, Biblioteca francescana, Milano 1986 (orig. ted. 1960), pp.107-115를 참조할 수 있다.

13　E. Grau, «...*Attàccati, Vergine poverella, al Cristo povero*», cit., passim를 볼 수 있다.

에서 기르신 그 위대한 아드님의 지극히 감미로우신 어머니께 매달리십시오.…… 그래서 동정녀들 중에 영화로우신 동정녀께서 육신으로 그분을 품으셨듯이, 그대도 성모님의 겸손과 가난의 발자취를 따른다면 의심할 여지없이 그대의 정결하고 순결한 몸 안에서 영적으로 그분을 항상 품을 수 있습니다."(3아녜스 18-19.24-25)

성녀는 가난에 대해 특별히 할애한 회칙의 한 장에서 마리아의 가난을 가난한 여인들이 항상 자신 앞에 간직해야 할 모범으로 보고 있다: "이것이 바로 지극히 사랑하는 나의 자매 여러분을 하늘나라의 상속자요 왕이 되게 하고 물질에 가난한 사람이 되게 하면서도, 덕행에 뛰어나게 하는 지극히 높은 가난의 탁월성입니다. 이것이 생활하는 사람의 땅으로 인도하는 여러분의 몫이 되었으면 합니다. 지극히 사랑하는 자매들, 이 가난에 완전히 매달려 우리 주 예수 그리스도와 그분의 지극히 거룩하신 어머니의 이름 때문에 하늘 아래서는 결코 다른 어떤 것도 가지기를 원치 마십시오."(글회칙 8,2)[14]

그러나 하느님의 모친이 겪으셨던 고통 또한 성녀가 묵상했던 소재였다. 브르쥬의 에르멘투르디스에게 편지를 쓰면서 이렇게 독려하고 있다: "주님의 십자가 신비와 그분의 모친께서 십자가 밑에 서 계실 때

---

14 글라라회 수녀인 G. Mandelli는 예수의 어머니를 향한 글라라의 신심을 설명하면서 다음과 같이 적고 있다: "글라라의 글에서 마리아의 가난을 모델로 제시한 부분을 다섯 번 볼 수 있다. 회칙에서 네 번, 유언에서 한 번 볼 수 있다. 가난과 겸손이 함께 있는 부분은 두 번인데 회칙에서 한 번, 유언에서 한 번 찾을 수 있다: *Chiara e Maria*, in VM 59 (1988), p.22.

겪으신 그 비통을 끊임없이 묵상하도록 하십시오."(에르멘 12)

두 가지 경향 사이의 균형은 파도바의 성 안토니오[15]에게서 상당 부분 볼 수 있고, 여러 프란치스칸 원전[16]과 성 보나벤투라[17]와 영성파[18]와 14세기 프란치스칸 문학[19]과 여러 프란치스칸 개혁운동의 시초에서 분

---

15 파도바의 안토니오 성인의 마리아론에 대해 다음 책을 참조할 수 있다: L. Di Fonzo, *La mariologia di sant'Antonio*, in AA.VV., *Sant'Antonio Dottore della Chiesa*, Città del Vaticano 1947, pp.85-172. 자기 비움의 요소가 존재하는지는 *In Nativ. Domini*, III, 5; *In Assumpt. B.M.V.*, II, 3에서 볼 수 있다.

16 예컨대 다음 구절을 볼 수 있다: 2첼 83.85.200; 대전기 7,1; 페루 3 등.

17 특별히 『가난한 이들의 변호(*Apologia pauperum*)』로, 여기서 그는 프란치스칸 삶의 복음적 기초를 제공하려 하고 있다. 보나벤투라의 다음 구절 또한 의미 있다: 크리스천 완덕은 "지극히 가난하셨고 지극히 겸손하셨으며 지극히 순수하셨던 복되신 동정녀의 인도 아래 도달할 수 있다. 사실상 마리아는 약속된 땅에 이르기까지 길을 앞서가시고 준비하신다.": *De nativ. B.M.V.*, serm. 5; IX, 717b.

18 특히 다음 책들을 볼 수 있다: U. Da Casale, *Arbor vitae crucifixae Jesu*, Venetiis 1485, l. IV, c. 38, f. 199c; A. Clareno, *Cronaca delle sette tribolazioni*, I, 8: 2151: "하느님의 아드님이신 그리스도가 축성했던 가난과 겸손: 그는 가난한 어머니에게서 동굴에서 나셨고, 누더기 옷에 싸였다. 왜냐하면 여관에는 그를 위한 자리가 없었기 때문이다."

19 *Meditationes vitae Christi*의 저자(아마도 프란치스칸인 Giovanni De Caulibus)는 이 같은 프란치스칸 전통을 탁월하게 대표한다. 그의 글에서 마리아는 여주인이다. 마리아는 또한 가난한 동정녀이다. 그는 다음과 같이 쓰고 있다: 마리아는 "자신이 머무르던 나자렛의 집으로 돌아간다. 귀로 중에 다시금 그의 가난에 대해 생각한다. 실제로 마리아는 빵도 포도주도 다른 종류의 필수품도 찾을 수 없는 집으로 되돌아간다. 아무것도 소유하지 않았고 땡전 한 푼 없었다. 석 달을 친척(즈카르야와 엘리사벳) 집에서 보냈는데 그들은 아마도 잘 살았던 것 같다. 지금 마리아는 자신의 가난한 삶으로 다시 돌아간다. 뭔가 먹고 싶으면 자신의 손으로 수고해서 구해야만 한다. 너희는 그에게 연민을 느끼고 가난에 대한 사랑으로 불타올라라.": *Meditazioni sulla vita di Cristo*, a cura di S. Cola, Città Nuova, Roma 1982, n. 7, p.33.

명히 볼 수 있다. 특별히 세라핌 박사인 성 보나벤투라와 관련해 우리는 그의 글에서 참으로 빛나는 몇몇 구절을 볼 수 있다: "그리스도는 출생에서 가난했고, 그의 전 생애에 가난했으며, 그의 생애 말에 가난했다. 그리스도는 이러한 가난이 세상에서 사랑받을 수 있도록 지극히 가난하신 어머니를 선택했다."[20] 다른 곳에서 보나벤투라는 마리아 신비의 두 가지 차원을 훌륭하게 조화시키고 있다: "세상에서 가장 뛰어난 여왕이시며 가난한 이들의 보호자이시고 겸손한 이들의 변호자이시며 백성들 가운데에서 에스테르보다 더 높이 들어 올려지신 당신께서, 당신의 모르도카이, 즉 프란치스코의 기도로 우뚝 서시어 왕 곁에서 당신의 백성을 위해 전구해 주시고 당신의 거룩한 모범과 공로로 당신을 닮고 형제로 결합되려는 가난한 자의 신분이 영광을 받고 보존되게 해 주소서. 복음의 거룩한 역사가 확인해 주듯, 지극히 가난했고 거룩한 출산 때도 여행객들이 지나다니는 길과 우마의 구유가 아니고서는 천상의 하느님과 만군의 주님을 둘 곳마저 없었던 오, 지극히 복되신 동정녀이시며 우리 주 예수 그리스도의 지극히 가난한 어머니시여, 무엇이 당신의 생활양식보다 가난에 대한 사랑을 더 잘 불러일으킬 수 있으며 당신의 특권과 영예를 더 잘 선포할 수 있겠습니까? 당신은 지극히 거룩하신 동정녀이시고 온갖 완덕의 모범으로서, 완덕을 추구하는 이라면 당신의 동정과 더불어 겸손을 본받아야 하듯이 당신의 엄격한 가난 역시

---

20 *Apologia dei poveri contro il calunniatore*, ed. it., A. Pompei의 서론과 E. Piacentini의 번역, LIEF, Vicenza 1988, p.268.

본받아야 합니다."²¹

그런데 이미 14세기부터 프란치스칸 가족의 마리아 신심 안에는 예수 그리스도에 대한 체험과 신학적 성찰에서 발생했던 것과 같은 두 가지 요소 사이의 분리가 나타나기 시작했다. 한편에서(특히 학구적인 신학계와 그 영향으로) 마리아의 영광스러운 측면에 대한 집중과 열광(세상의 목적이고 육화하신 말씀이신 그리스도 곁에서 마리아의 예정, 세상에 대한 마리아의 왕권, 마리아의 원죄 없으신 잉태와 모든 은총의 중재성 등)이 두드러졌고,²² 다른 한편에서는 마리아의 겸손하고 가난한 차원(나날의 겸손한 삶 속에서 겸손하고 가난했던 신앙의 여인이었고 주님의 종이었으며 실제적인 가난과 겸손과 낮음의 모범이셨던 마리아)에 대해 잊게 되었다. 점차 시간이 흐르면서 프란치스칸 마리아론 안에서 '영광의 마리아론'은 어떤 점에서 '자기 비움의 마리아론'(예수의 어머니로서 가난하고 겸손했고 드러나지 않은 삶에 대한)보다 우세했다고 말할 수 있을 것이다.²³ 그렇지만 십자가에 못박히신 성자의 수난에 결합된 통고의 마리

---

21 *Ivi*, XI, 17, pp.478-479.

22 *La Madonna nella spiritualità francescana*, cit.에 있는 몇몇 연구를 참고할 수 있다.

23 프란치스코 수도회의 마리아 영성에서 스코투스 신학이 끼친 영향에 대해 L. Cignelli가 말한 것은 우리가 말한 내용을 뒷받침해 주는 진술이다. 이 학자는 다음과 같이 쓰고 있다: "신학 분야에서 [스코투스적] 관심은 가난뱅이 프란치스코가 그의 영적 가족에게 유산으로 남겨주었던 마리아 영성에 결정적인 방향을 제공하면서 신심의 차원에 유익한 영향을 끼쳤다. 동정녀의 초월성, 원죄없으신 잉태, 육화의 절대적 예정론은 둔스 스코투스부터 성 프란치스코의 자녀들의 마리아 성찰과 신심을 특징짓는 주된 요소가 되었다.…… 세 가지 마리아론적인 주제는 짧은 시간 안에 모든 프란치스칸의 유산이 되었고 프란치스칸 가족의 독특한 분위기를 형성했으며 프란치스칸 삶의 전 차원에서 작용했다.…… 스코투스가 남긴 마

아에 대한 항구한 기념이 존재했음을 확인할 수 있다.

마리아의 '겸손하고 가난한' 차원은 성 프란치스코의 마리아 신심을 구성하는 요소이고 어떤 점에서 그의 마리아 영성을 더욱 뚜렷하게 특징짓는 요소라고 말했다. 따라서 창설자의 신앙생활과 프란치스코 수도회의 첫 시기에 뚜렷하게 나타나 있는 마리아 영성의 두 차원 사이의 균형을 회복할 임무가 프란치스칸 영성에 주어져 있다.[24]

리아론은 거대한 프란치스칸 가족 안에서 참으로 강력한 촉진제로 작용했다. 세기를 거쳐가며 스코투스의 마리아론은 교의적 차원은 물론 영성적 차원에서도 더욱 발전되고 심화되었다.": *La mariologia di Giovanni Duns Scoto e il suo influsso nella spiritualità francescana*, in QSF 12 (1966), pp.102-103. 이러한 마리아 영성과 마리아론적 사고의 흐름은 특히 성 프란치스코 안토니오 파사니(cf. F. Costa [a cura], *Le 7 Novene Mariane*, Messaggero, Padova 1986)와 성 막시밀리아노 콜베(cf. F.S. Pancheri [a cura], *La mariologia di san Massimiliano M. Kolbe*, Atti del Congresso Kolbiano Internazionale, Miscellanea Francescana, Roma 1985)의 글에 나타나 있다. 그런데 프란치스칸 마리아 영성에서 분명히 포기할 수 없는 요소인 마리아의 '초월성'에 대한 관심이, 프란치스코와 글라라와 초창기 프란치스칸 가족의 묵상과 추종의 주제가 되었던, 가난하고 겸손하신 그리스도 곁에서 몸소 가난과 겸손을 실현하셨던 마리아의 역사적 삶에 대한 관심을 부당하게 축소하게 된 요인은 아니었는지 자문해 볼 만하다.

24 이러한 요구와 관련해 M. Wszolek, *La mariologia di san Massimiliano Kolbe nel contesto dell'esperienza mariana e della mariologia francescana*, in AA.VV., *Atti del III Incontro Internazionale Formatori e Studiosi OFMConv.*, Roma 1992, pp.289-307을 참조할 수 있다.

프란치스칸 인간: 하느님의 겸손한 사랑으로 부유해진 가난한 이

제10장

1. 프란치스코의 인간 체험

모든 형태의 영성은 인간과 관련된다. 왜냐하면 이 책머리에서 밝힌 것처럼 영성이란 '신앙의 개별적인 주체들인 인간'이 종교 또는 신앙의 내용에 따라 살면서 얻게 되는 삶의 체험으로 이루어지기 때문이다. 인간은 자신의 전(全) 실존적 차원을 통틀어 영성 체험을 한다. 따라서 모든 영성은 매우 인간학적일 뿐 아니라, 영성생활의 모든 내용(하느님, 예수 그리스도, 교회 등)은 개별 인간 주체와 뗄 수 없는 관계를 맺는다는 점에서 '인간 중심적'이다.

이제 우리는 프란치스코가 했던 인간 체험을 주목해 보자. 우리는 모든 것에서 자신을 비운 사람이 했던 풍요로운 인간 체험을 발견하게 될 것이다. 그것은 바로 가난하고 겸손하며 자신을 비우신 예수 그리스도를 따르면서 얻게 된 하느님 체험에 뿌리를 두고 있다는 점을 확인할 수 있다. 이 주제는 대단히 넓다. 따라서 성인이 실현하고 증언하려 했던 인간상의 고유한 요소와 함께 성 프란치스코의 인간 체험을 특징짓는 몇 가지 기본적인 요소를 규명하는 것으로 제한할 것이다. 프란치스칸 영성의 다른 차원을 다루면서 했던 것처럼, 프란치스코의 이 같은 크리스천 삶의 차원이 세기의 역사 동안 프란치스칸 영성 생활 안에서 어떠했는지에 대해 몇 가지 고찰도 덧붙일 것이다.

프란치스코가 실현하고자 했던 인간상은 최근에 특별한 주목과 관심의 대상이 되었다. 사실 인간 프란치스코는 대단히 큰 매력을 뿜고 있다. 그리스도인과 비그리스도교인, 종교에 관심없는 이들과 무신론자들까지도 그의 삶에 경탄한다. 그래서 영성 신학자들과 저술가들은 이렇게 의미 깊은 한 인간의 역사에 대한 그릇된 접근과 해석을 막기 위해서라도 — 사실 오늘날 이러한 일이 비일비재하다 — 그의 인간적 삶을 이끌어간 심오한 뿌리와 동기를 제시하고, 각각의 요소를 드러내며, 프란치스코가 오늘날 줄 수 있는 가능성과 신선함을 조명하려고 애쓰고 있다.[1] 성인이 실현했던 인간학의 기본 내용을 아래에서 언급한 연구서들을 바탕으로 정리하면 다음과 같다.

---

[1] 프란치스코 성인이 실현하고 증언했던 인간 체험에 관한 몇 가지 연구를 언급할 수 있다: S. Verhey, *Der Mensch unter der Herrschaft Gottes. Versuch einer Theologie des Menschen nach dem hl. Franziskus von Assisi*, Düsseldorf 1960; E. Rivera De Ventosa, *Visión de l'hombre en San Francisco*, in EstFr 78 (1977), pp.93-110; A. Merino, *Umanesimo francescano*, Cittadella, Assisi 1983 (spagn. 1982); G. Iammarrone, *L'immagine dell'uomo in Francesco d'Assisi*, in RTM 14 (1982), pp.9-22; Id., *Dio grazia e gloria dell'uomo*, in MF 83 (1983), pp.421-442; Id., *Corpo, carne*, in DF, Padova 1983, cc. 253-266; U. Valtorta, *L'uomo creato ad immagine del Figlio «secondo il corpo» negli scritti di Francesco d'Assisi*, cit.; C. Gniecki, *Visione dell'uomo negli scritti di Francesco d'Assisi*, Antonianum, Roma 1987.

성인에게 인간은 신적 사랑의 자유로운 결정으로, 예수 그리스도를 통해 육화된 말씀이신 그분과 영적으로나 육체적으로 유사한 모습으로(참조: 비인준회칙 23,1-3; 권고 5,1)[2] 지음받은, 하느님(성부, 삼위일체)[3]의 피조물이다. 거대한 가족의 맏아들이 되신 외아들 안에서 프란치스코는 인류 가족의 일치와 인간들 사이에 맺어진 형제 관계의 기초를 보고 있다(참조: 비인준회칙 22,41-55; 2신자편 54-60).

그러나 하느님을 찬미하고 인정하면서 그분과 사랑의 친교를 나누도록 부름받은 하느님의 탁월한 피조물인 인간은 그의 창조주인 아버지에게서 떨어져 나갔고 죄로 말미암아 품위를 잃은 채 살고 있다.[4] 인간의 어두운 면에 대한 체험은 프란치스코의 의식 속에 생생히 살아 있다. 그는 자신과 자신의 형제들을 위해 이렇게 적고 있다: "우리 것이

---

2 프란치스코 당대에 유일하다고는 할 수 없지만 상당히 드문 내용인 이 같은 견해에 대해 최근 많은 연구가 있었다. 두 가지만 소개한다: C. Gniecki, *Visione dell'uomo negli scritti di Francesco d'Assisi*, cit., pp.88-89; U. Valtorta, *L'uomo creato ad immagine del Figlio «secondo il corpo» negli scritti di Francesco d'Assisi*, cit., pp.151-226.

3 프란치스코가 쓰고 있는 용어는 여러 가지이다. 예컨대 창조주 하느님은 때로 성부(참조: 비인준회칙 23,1; 주님기도 1)이고, 때로 삼위일체(참조: 비인준회칙 16,7; 23,11)이며, 한 번은 십자가에 못박히신 그리스도(참조: 권고 5,3)이다. 용어는 여러 가지이지만 신학적으로 잘못이 없다.

4 「권고」 5의 한 구절을 인용할 만하다: "오, 사람이여, 주 하느님이 사랑하시는 당신 아드님의 모습대로 그대의 육신을, 또한 당신 자신과 비슷하게 그대의 영혼을 창조하시고 지어내셨으니, 그분께서 그대를 얼마나 높이셨는지 깊이 생각해 보십시오. 그런데 하늘 아래 있는 모든 피조물은 자기 나름대로 자기의 창조주를 그대보다 더 잘 섬기고 인식하고 순종합니다. 그리고 마귀들이 그분을 십자가에 못박은 것이 아니라 바로 그대가 마귀들과 더불어 그분을 못박았으며, 그대는 지금도 악습과 죄악을 즐기면서 그분을 못박고 있습니다."(권고 5,1-3)

라고는 악습과 죄악 뿐이라는 것을 우리는 확실히 알고 있어야 합니다."(비인준회칙 17,7); "비참한 사람들이요 죄인들인 우리는 모두 당신 이름을 부르기에 합당치 못합니다."(비인준회칙 23,5) 프란치스코가 참된 복음적 삶을 위해 회개하고 참회하는 삶에 들어서게 된 결정은 당대의 문화적인 영향과 하느님에 대한 그의 깊은 갈망 이상으로, 인간 삶 속에 자리한 소외와 죄에 대한 깊은 통찰에서 나온다.

성인은 특히 자신을 온전히 하느님과 그분 왕국을 선포하는 데 바치기로 결정한 날부터 하느님의 은총으로 쇄신되고, 구세주요 구원자인 하느님의 생명에 참여하게 되었음을(참조: 특히 비인준회칙 22; 2신자편 48-60) 깊이 체험하였다. 또 주님께서 자신의 실존 안에서 이미 실현했고 계속해서 실현하고 계시는 것과 참회하는 이들의 자애로운 심판관이신, 십자가에 못박히고 부활하신 그리스도를 통해 프란치스코에게 약속했던 충만한 삶(참조: 특히 비인준회칙 23,4; 2신자편 61-62; 하느님찬미 4; 주님기도 4)을 찬미하게 되었다. 프란치스코의 삶에서 참되고 항구하게 존재하는 기쁨은 바로 인간에 대한 이러한 신학적 체험에 뿌리를 두고 있다.[5]

성인은 예수 그리스도를 통해 하느님과 맺게 된 친밀한 관계 안에서

---

5 우리는 성 프란치스코의 이러한 체험을 *Francesco d'Assisi testimone di vita gioiosa ad opera della grazia liberatrice di Dio*, in MF 84 (1984), pp.469-489에서 심화한 바 있다. 또한 다음 연구들을 참고할 수 있다: J.G. Bougerol, *Letizia*, in DF, cc. 855-868; A. Merino, *Umanesimo francescano*, Cittadella, Assisi 1984, pp.291ss.; V. Redondo, *La verdadera y perfecta alegria o la alegria vivida par Francisco de Asís*, in EstFr 91 (1990), pp.1-63; G.K. Chesterton, *Francesco d'Assisi*, Monza 1950.

인간 실존의 수평적 차원, 즉 보편적인 형제성과 평화[6]와 상처받은 형제애를 회복[7]하는 가운데 동료 인간과 맺는 관계와 「태양의 찬가」에서

---

[6] 성인의 글에 나타난 평화에 대해 T. Matura, *La pace negli scritti di Francesco*, in VM 49 (1988), pp.327-338.

[7] 평화를 촉진하는 자로서 프란치스코의 모습은 13세기의 전기 작품(참조: 예컨대 1첼 23.29; 대전기 3,2; 페루 67; 세동료 26)뿐 아니라 그 이후 세기의 전기에서 높이 평가되었다. '평화를 촉진하는 자'로서 프란치스코에 대해서는 L. Temperini, *Francesco, maestro di formazione*, in Analecta TOR 22 (1992), pp.433-435를 볼 수 있다. 프란치스코의 이 같은 측면은 오늘날 여러 가지 이유와 다양한 분야에서 특히 드러났다. 성인이 했던 인간 체험에 대해 T. Matura가 평가한 내용을 상기하는 것이 유익할 것이다: "프란치스코라는 이름은 모든 차원에 걸쳐 언급되고 있고, 평화의 사도의 대명사로 이 영역에서 시작된 온갖 노력의 후원자로 소개되지 않은 적이 없다. 평화를 위한 기도는 비록 그의 참된 작품은 아니지만 가장 널리 알려진 기도이다. 그리고 전설적인 굽비오의 늑대 이야기부터 아씨시 주교와 시장 사이를 화해시키고 아레초, 시에나, 볼로냐와 같은 도시에서 설파했거나 실현했던 일치와 같은 역사적 사실에 이르기까지 화해와 평화를 위해 이바지했던 그의 공로에 대해 말하고 있다. 그러나 이러한 이유로 프란치스코를 오늘날의 평화주의자와 반핵운동가들의 선구자로 볼 필요가 있는가? 프란치스코는 평화에 대해 염려했는가? 그리고 무엇보다 어떠한 평화에 대해 염려했는가?": *o.c.*, pp.327-328. 성인의 글을 분석한 후 이 학자는 결론내리고 있다: "프란치스코는 우리가 평화와 화해를 위한 의무라고 부를 수 있는 것에 대해 거의 관심이 없다(혹은 전혀 없다). 그는 평화로운 상태 위에서 영위되어야 할 평화를 주장하고 있다. 프란치스코는, 오직 온화하고 평화로우며 자신 안에서 일치를 이룬 사람만이 참된 평화를 다른 사람에게 전해줄 수 있다고 우리에게 가르친다. 평화는 무엇보다도 입에 발린 말이 아니라, 하느님에게서 오는 선물이며, 인간은 이를 위해 봉사하는 이다."; "프란치스코는 그의 몇몇 글에서 평화에 대해 직접 말하지 않지만 평화를 위해 사람들 사이에서 어떻게 처신하고 행동해야 하는지 구체적으로 지시해 주고 있다.": *ivi*, p.338. 우리는 이러한 생각을 거의 모두 공유할 수 있고 이는 우리에게 분명한 방향을 제시해 준다. 즉 하느님에 의해, 하느님 안에서 평화를 이룬 사람이 형제들 사이에서 평화의 증인이요 도구가 될 수 있다. 오직 하느님께 자리를 드리기 위해 자신을 비운 사람, 하느님이 주시는 평화의 선물을 받아들이기 위해 자신을 비운 사람만이 평화로운 삶을 살 수 있고, 또한 형제인 인간 사이에서 외적이고 사회적인 평화 건설을 위해 매진할 수 있다. Cf. M. Carreira das Neves, *Francesco d'Assisi profeta di pace e di ecologia*, Messaggero, Padova 1993.

상징적으로 잘 표현되어 있듯 세상과 맺는 친밀한 형제 관계를 실현하였다.[8] 프란치스코의 이러한 인간적 증언을 주의 깊게 검토해보면 다음과 같은 점들을 고찰해 볼 수 있다.

성 프란치스코적인 인간은 본질적으로 또 구조적으로 가난하지만 오직 하느님에 의해 부유해졌고 하느님으로 말미암아 부유한 인간이다. 인간은 하느님의 피조물로서 가난한 존재이다.[9] 더욱이 죄인으로서 참으로 불쌍하기 이를 데 없는 존재이다. 그러나 하느님의 용서와 성화 은총과 하느님의 다른 모든 은혜로 부유해진 가난한 자이므로 이러한 은혜들을 결코 자기의 것으로 삼아서도 자만해서도 안 되며, 언제나 베풀기만 하시는 위대한 분[10]의 선물로 여길 줄 알아야 한다. 또 성 프란치스코적인 인간은 모든 것에서 가난하고, 오직 하느님 나라에 대한 희망과 하느님께서 세상종말에 실현하시리라고 약속하신 것 때문에 부유한

---

8 이 같은 차원에서 프란치스코가 했던 인간 체험에 대한 참고 문헌은 풍부하다. 저자의 다음 연구를 참고할 수 있다: *L'immagine dell'uomo in Francesco d'Assisi*, in RTM 14 (1982), pp.12-18; 또한 B. Fajdek, *Francesco scopre la fraternità cosmica*, in VM 59 (1988), pp.159-170; E. Doyle, *Francesco di Assisi e il Cantico delle creature. Inno alla fratellanza universale*, Cittadella, Assisi 1982; J. Spiteris, *La contemplazione del creato nel cristianesimo oritentale e in san Francesco*, in Laur 30 (1989), pp.61-83.

9 프란치스코는 인간이 하느님의 피조물이라고 생생하게 의식하고 있다. 그렇지만 인간이 창조주 하느님과 맺는 구조적, 본질적 관계는 프란치스코 안에서 실존적 차원으로 넘어간다. 곧 인간은 모든 것을 주시는 분에게서 모든 것을 받고 자신의 모든 것을 내어놓는 주체로 하느님께 의존하여 살아가는 존재이다.

10 온갖 은혜를 베푸는 위대한 분(Grande Elemosiniere)이신 하느님의 모습을 2첼 77; 대전기 7,10에서 볼 수 있다.

이다. 또 성 프란치스코적 인간은 영원한 생명을 누리면서 신적 생명의 풍요로움에 참여하면서도, 앞으로도 계속해서 하느님께서 주실 은총으로 부유하게 될 가난한 자이고 영원토록 주님의 자비를 노래할 가난한 자로 계속 남게 될 인간이다.[11] 이러한 점과 관련해 성 프란치스코의 여러 글을 인용할 수 있고 또 인용해야 한다. 그 가운데 의미 있는 몇 가지를 독자들에게 소개한다. 우리는 이러한 글을 직접 읽음으로써 프란치스코가 인간에 대해 얻은 참으로 유일한 체험을 들을 수 있다.

"사랑이신 하느님의 사랑 안에서 나의 모든 형제들 즉 설교하는 이들, 기도하는 이들, 노동하는 이들, 성직형제들이건 평형제들이건 모든 형제에게 간청합니다: 매사에 자기 자신을 낮추도록 애쓰고 하느님이 여러분 안에서 혹은 여러분을 통해서 행하시고 말씀하시고 이루시는 좋은 말과 일에, 더 나아가 어떤 선에 대해서도 자랑하지 말고 자만자족하지도 말며, 혹은 마음속으로 자기 자신을 높이지 않도록 노력하십시오. 주님이 말씀하시는 대로, 악령들이 여러분에게 복종한다고 기뻐하지 마십시오. 그리고 우리 것이라고는 악습과 죄악뿐이라는 것을 우리는 확실히 알고 있어야 합니다. 오히려 여러 가지 시련을 당할 때나 영원한 생명을 얻기 위해 이 세상에서 영혼이나 육신의 온갖 괴로움이나 고생을 견딜 때 우리는 기뻐해야 합니다. 그러므로 형제 여러분, 우리 모두 온갖 교만과 헛된 영광을 조심합시다.…… 그리고 우리는 모든 선의 샘

---

11 「형제회에 보낸 편지」를 마무리하는 기도에 이러한 생각이 암시되어 있다: 참조: 형제편 6; 「주님의 기도 풀이」에는 명백하게 드러나 있다: 참조: 주님기도 6.

이신 지존하시고 지극히 높으신 주 하느님께 모든 좋은 것을 돌려드리고, 모든 좋은 것이 그분의 것임을 깨달으며, 모든 선에 대해 그분께 감사합시다. 그리고 모든 선의 주인이시며 당신 홀로 선하신 지극히 높으시고 지존하시며 당신 홀로 참되신 하느님은 모든 영예와 존경과 모든 찬미와 찬송과 모든 감사와 영광을 받으시고 또 받으시기를 빕니다. 이 모든 것을 그분께 돌려드려야 마땅합니다."(비인준회칙 17,5-10.17-18)

"우리에게 몸과 마음과 생명을 모두 다 주셨고 지금도 주고 계시는 주 하느님을, 우리를 창조하시고 속량하셨고 온전히 당신 자비로써 구원하실 주 하느님을, 불쌍하고 비참하며 부패되고 추악하며 배은망덕하고 악한 우리에게 모든 좋은 것을 주셨고 또 주고 계시는 주 하느님을, 마음을 다하고 목숨을 다하고 생각을 다하고 힘을 다하고 지혜를 다하고 능력을 다하고 정력을 다하고 노력을 다하고 정을 다하고 애를 다하고 소망과 뜻을 다하여, 주 하느님을 사랑하도록 합시다.

그러므로 우리는 충만한 선, 모든 선, 완전한 선, 참되시고 최고선이신 우리 창조주와 구세주이시고 유일하시고 진실하신 하느님 외에는 다른 아무것도, 홀로 선하시고 자비로우시고 양순하시고 감미로우신 하느님 외에는 다른 아무것도, 홀로 거룩하시고 정의로우시고 진실하시고 거룩하시며 의로우신 하느님 외에는 다른 아무것도, 홀로 인자하시고 무죄하시고 순수하신 하느님 외에는 다른 아무것도, 그분으로 말미암아 그분을 통하여 그분 안에 회개한 모든 이들과 의로운 모든 이들과 하늘에서 함께 기뻐하는 모든 성도들의 모든 용서와 모든 은총과 모든 영광의 샘이신 하느님 외에는 다른 아무것도, 우리는 원하지도 바라지도 말며 다른 아무것도 마음에 두지도 만족하지도 맙시다.

그러므로 아무것도 우리를 방해하지 못하기를! 아무것도 우리를 떼어놓지 못하기를! 아무것도 그분과 우리 사이를 가로막지 못하기를! 우리는 모두 언제 어디서나 날마다 그리고 끊임없이, 지극히 높으시고 지존하시고 영원하신 하느님을, 삼위이시고 일체이신 성부와 성자와 성령이신 하느님을, 만물의 창조주이시고 당신을 믿고 희망하고 사랑하는 모든 이의 구원자이신 하느님을 진실하고 겸손되이 믿어 마음 속 깊이 모시고 사랑하고 존경하고 흠숭하고 섬기고 찬미하고 찬양하며 그분께 영광과 영예를 드리고 감사하고 그분을 찬송합시다."(비인준회칙 23,8-11; 참조: 권고 5,5-8; 권고 7,4)

"우리를 위하여 이처럼 견디셨고 이처럼 온갖 좋은 것을 주셨으며 앞으로도 주실 하느님께 하늘과 땅, 바다와 심연에 있는 모든 피조물은 찬미와 영광과 영예와 축복을 드려야 하겠습니다. 그분은 홀로 선하시고, 홀로 지존하시고, 홀로 전능하시고, 감탄할 만한 분이시고, 영광스러우시고, 그리고 홀로 거룩하시고 세세대대 영원히 찬미받으실 만한 분이시며, 축복받으실 바로 그분은 우리의 힘이시고 능력이시기 때문입니다. 아멘."(2신자편 61-62) "지극히 높으시고 전능하시고 자비하신 주여! 찬미와 영광과 칭송과 온갖 좋은 것이 당신의 것이옵고, 홀로 당신께만 드려야 마땅하오니 지존이시여! 사람은 아무도 당신 이름을 부르기조차 부당하나이다.…… 내 주를 기려 높이 찬양하고 그에게 감사드

릴지어다. 한껏 겸손을 다하여 그를 섬길지어다."(태양 1.2.14; 참조: 찬미경)

프란치스코의 글을 보며 우리는 성인이 어디서 이렇게 독창적인 방법으로 인간을 이해하고 실현해가는 방법을 찾았는지 묻게 된다. 우리는 그가 실현했던 영적 삶의 바로 이 영역에서도 그의 기본적인 영성 체험의 결과와 풍요로움이 작용하고 있음을 규명할 수 있다. 그것은 바로 인간을 위해 자신을 완전히 비우신 하느님 사랑의 계시이고, 최상선이며 유일한 선이신 하느님께 인간이 돌려 드리도록 부름받은 전적인 사랑과 비움의 모델이신, 겸손하고 가난하며 십자가에 못박히신 예수 그리스도이다.

성 프란치스코가 체험했던 인간 안에서 우리는 하느님으로 채워지고, 하느님 안에서, 하느님을 통해 모든 형제와 피조물과 나누는 친교로 부유해지기 위해 온갖 것, 특히 자기 자신을 벗어 버리도록 부름받은 가난한 인간에 대한 예찬을 보게 된다.[12] 프란치스코가 이러한 인간을 제안한 참된 이유는 그리스도론(가난하고 겸손하며 십자가에 못박히신 예수)적이며, 더욱 근본적으로는 신학적인 것이다. 모든 것이면서도 육화하신 아드님 안에서 '아무것도 아닌 모습'으로 자신을 드러내신 하느님 앞에서 프란치스코는 인간 실존의 의미를 읽는다. 즉 부유하셨는데도 인간의 수준으로까지 자신을 낮추어 인간에게 참된 삶을 주려고 자신의 영

---

12 성인의 「권고」는 실제적인 외적 가난에 혼을 넣어주는 가난과 내적 비움을 끊임없이 역설하고 있다. 특히 프란치스코가 드러내 주는 깊은 인간적, 크리스천적 체험에 대해서는 K. Esser, *Le ammonizioni*, Roma 1974를 참고할 수 있다.

예와 위엄마저 버리신 분으로 가득 차기 위해 인간은 자신의 '보잘것없음'을 인정하고 '겸손하고 가난하신 예수 그리스도'를 온전히 본받으며 사는 것이다. 그래서 성인의 신조로 역사에 전해져온 표현 "나의 하느님, 내 모든 것"[13]은 프란치스코가 인간에 대해 체험하고 이해한 내용을 집약해 주는 것이라 볼 수 있다.

가난하고 겸손한 예수 그리스도와, 그분 안에서 그분을 통해 온갖 은혜를 베풀어 주시고 아무것도 자신의 것으로 하지 않고 모든 것을 나누어 주시는 최상의 선이고 유일한 선이신 지극히 높으신 하느님에 대한 체험과 이해에 기초한 인간 실현은, 성인의 인간됨과 그의 모범 위에서 '프란치스칸적 인간'을 분명히 구별해 주는 기초이며 특징적인 태도로 보아야 한다.

이를 실현하기 위해 몇 가지 길을 제시하면 다음과 같다: 본질적으로 감사와 찬미로 특징지어지는 기도 자세[14]; 소유(avere)의 양식이 아니

---

13 이는 퀸타발레의 베르나르도가 회개하기 전날 밤 그의 집에서 프란치스코가 기도했던 말의 변형으로 볼 수 있다: 참조: 잔꽃 2. 성인이 되풀이하며 사용한 말인 "하느님 앞에 인간은 아무것도 아니다."(참조: 대전기 6,1)도 고려해 볼 수 있다.

14 인간에 대한 이러한 체험과 비전 위에서 성 프란치스코 영성 안에 나타난 기도에 대해 연구해야 한다. 이 주제와 관련해 L. Iriarte, *o.c.*, pp.99-109를 볼 수 있고, 그가 제공하고 있는 폭넓은 참고 문헌 목록은 p.99에 있다. 앞에서 인용한 프란치스코의 글은 이러한 점을 뚜렷이 보여준다. 성인의 기도에 나타난 '감사'에 대해서는 다음을 참고할 수 있다: L. Lehmann, *«Gratias agimus tibi». Structure and content of chapter XXIII of the Regula non bullata*, in E. Covi (a cura), *L'esperienza di Dio in Francesco d'Assisi*, cit., pp.312-375; 또한 in GrFr 5 (1991), pp.1-54.

라 존재(essere)의 양식에 따라 자신을 항구하게 실현하려는 경향[15]; 소유하고 강탈하며 파괴하려는 자세가 아니라 부드러움과 친밀함과 더불어 사는 자세로 이웃은 물론 모든 것과 교류하는 능력을 통해 에로스와 파토스를 아가페 안에서 충만하게 통합하는 것[16]; 온갖 형태의 권력에 대한 항구한 포기; 순종하는 자세, 다시 말해 모든 사람은 물론 자연의 맹수들과 현상들에까지 자신을 내어놓을 줄 아는 자세[17]; 모든 인간과 심

---

15 이러한 점과 관련해 E. Fromm의 책 *Avere o essere?*, Mondadori, Milano 1977은 언제나 유익하고 흥미롭다. 존재론적 방식으로 자신의 인간성을 실현했던 프란치스코에 대해 G. Iammarrone, *Dalla «Città dell'avere» alla «Città dell'essere». Francesco di Assisi testimone dell'Essere*, in MF 79 (1979), pp.60-84; 또한 A. Merino, *Umanesimo francescano*, Cittadella, Assisi 1984, pp.247ss.를 참조할 수 있다.

16 성 프란치스코적 인간의 이 같은 측면에 대해 L. Boff가 아름답게 서술한 *Francesco d'Assisi. Un'alternativa umana e cristiana*, Cittadella, Assisi 1982, pp.13-72를 볼 수 있다.

17 프란치스코는 순종의 특징을 묘사하면서, 각자가 하느님 사랑과 이웃 사랑을 위해 자신의 뜻과 생각을 포기하는 '사랑의 순종'이라는 차원을 강조하고 있다(참조: 권고 3,5-6). '자신을 비우는' 순종이라는 프란치스코의 개념은 순종에 대해 노래한 찬미가에 선명하게 나타나 있다: "거룩한 순종은 온갖 육신적이며 육적인 원의를 부끄럽게 합니다. 그리고 순종은 육이 영에 순종하고 자기 형제에게 순종하도록 육신을 제어합니다. 순종은 또한 사람으로 하여금 세상에 있는 모든 사람들뿐만 아니라, 모든 가축과 야수들에게까지 복종하게 하고 그들 수중에 있게 합니다. 이렇게 될 때 주님이 하늘에서 허락하시는 한도 내에서 이것들은 사람에게 무엇이든지 마음대로 할 수 있을 것입니다."(덕인사 14-18) 인간 주체가 모든 것의 수중에 놓여 있고, 인간의 수동적인 면을 표현하고 권고하는 듯해 상당히 이상해 보이는 이러한 순종은 오직 프란치스코가 가난하고 겸손하며 십자가에 못박히신 예수 그리스도를 통해 하느님의 자기 비움을 깨달았던 체험의 배경 위에서만 이해 가능하다. 프란치스코는 요한 12,24의 "밀알 하나가 땅에 떨어져"의 논리에 따라 인간이 사랑을 위해 자신을 비움으로써 더 개방적이 되고 더 큰 결실을 거두게 되기를 제안하고 있다.

지어 영혼이 없는 비이성적인 존재에까지 보편적 형제 정신으로 열려 있는 자세; 인생의 온갖 부침(浮沈), 더욱이 모멸감과 비참함과 고통과 부조리를 안겨주는 인생의 풍파 앞에서도 참된 기쁨을 간직하는 것[18]; 잘 보이려 하고 다른 사람들을 압도하며 그들 속에서 존경을 잃지 않기 위해 자신을 감추고 가장하려는 인간적인 경향에 맞서 세상을 순수하고 단순하게 바라보려는 노력.[19]

앞에서 말한 내용을 보면 성인이 어떠한 전망 속에서 인간적이고 크리스천적인 덕행을 실현했는지 깊이 이해하게 된다. 이는 덕행을 실천하는 성 프란치스코 특유의 양식으로, 비록 개념이 명확하지는 않지만 즉시 포착할 수 있다. 물론 성인의 말씀에 대한 신빙성을 잘 검토해야 겠지만, 성인의 글과 여러 프란치스칸 원천 자료가 전해주는 그의 생애는 그러한 점을 언제나 더욱 분명하게 드러내준다. 감미로우면서도 깊은 내용을 담고 있는 「덕(德)들에게 바치는 인사」는 아마도 이러한 성 프란치스코적인 특징이 가장 분명하게 나타나는 글일 것이다. 거기에

---

18 프란치스코의 「권고」 말씀은 이 같은 프란치스코의 인간 체험으로 가득하다. 그가 받아 적게 한 「참되고 완전한 기쁨」은 심오한 인간학적인 체험 안에서 그리스도의 십자가가 상징하는 의미를 극적으로 묘사해 주고 있다. 이와 관련해 다음 책을 참고할 수 있다: D. Thevenet, *La vera e perfetta letizia negli scritti di Francesco d'Assisi*, in MF 91 (1991), pp.281-336(소책자로도 나왔다: Quaderni Francescani - 20); S. Lopez, *La alegría en los escritos de san Francisco*, in VyV 49 (1991), pp.491-511. 이 두 저자는 그리스도론 측면을 강조하고 있다.

19 프란치스칸 영성 안에서 정의하기가 매우 어려운 '단순성'을 다룬 글이 많다: L. Iriarte, *o.c.*, pp.146-151; L. Izzo, *La semplicità nella spiritualità di Francesco d'Assisi*, Laurentianum, Roma 1971; 또한 같은 저자의 *Semplicità*, in DF, cc. 1687-1706.

서 수많은 덕행이 인사를 받고 존경을 받으며 찬미되고 있다. 그 가운데 애덕은 많은 덕행 가운데 기초요 최고봉이다. 애덕은 본질적으로 자기 비움이고 자신의 고유한 생각과 이익을 단념하는 것이며 자신을 낮추는 자세를 요청하는 겸손과 가난과 단순성과 순종을 통해 그 형태를 갖추고 지탱된다.

프란치스코가 체험했던 이러한 신학적, 윤리적 덕행들의 독창성은, 가난하고 겸손하며 성부에 대한 사랑과 그의 형제인 인간에 대한 사랑 때문에 자신을 완전히 비우고 희생하기까지 순종하신 예수 그리스도 안에서 드러난 하느님의 가난하고 겸손하며 단순하고 자신을 낮추는 사랑을 체험한 데 그 뿌리와 기초가 있다(참조: 특히 권고 6,1; 2신자편 1,11-13; 압소르 2; 주님기도 6). 가난하고 겸손하며 십자가에 못박히신 그리스도 안에서 보았던 하느님의 사랑, 겸손하고 가난하며 단순하고 자신을 낮추어 순종하는 사랑으로 그는 남다른 덕행의 모범을 구체적으로 실현했으며 그것을 자신의 영적 가족과 교회와 인류 전체에 전달하였다.

2. 세기의 흐름 동안 프란치스칸 영성 안에서 드러난 인간[20]

세기의 역사 동안 프란치스칸 가족은 프란치스코의 동시대인은 물

---

20 특별히 J.A. Merino가 쓴 책 두 권을 볼 수 있다: *Umanesimo francescano*, cit., passim; *Visione francescana della vita quotidiana*, Cittadella, Assisi 1993.

론 후대 거의 8세기 동안 가톨릭 신자들과 개신교 신자들과 그밖의 크리스천들, 평신도들과 불교도 및 이슬람교도들도 경탄할 만큼 빛나고 흥미로우며 매력적인 인간 체험을 생생하게 유지하고 교회와 인류 가족에게 제공해 왔는지 자문해 볼 필요가 있다.

적어도 서구 세계에서 '프란치스칸'이라는 단어는 특정한 인간학적인 내용과 면모를 담고 있다. 즉 단순한 삶, 가난, 참된 기쁨, 자연에 대한 우호적 태도와 세상의 긍정적인 측면에 열린 자세, 인간 상호간의 형제애와 같은 내용을 특별히 나타낸다.

'프란치스칸'이라는 단어는 그 말의 특징과 더불어 프란치스코가 전해 주었고 역사 안에서 그의 영적 자녀들이 증언해온 인간에 그 뿌리를 두고 있다. 그러나 신앙인들에게 그리스도와 하느님 체험에 닻을 내리고 있는 그의 인간적 면모와, 비신앙인들에게 순수하게 인간적이며 역사적인 실재로 여겨졌던 그의 인간됨은 많은 경우 프란치스코의 제자들이 실제로 실현하고 증언해온 인간 양식에 비판의 여지를 제공했다.[21]

아무튼 프란치스코가 실현했던 인간상은 그의 제자들, 특히 실존적 차원에서 그와 가장 일치했던 프란치스칸 성인들이 삶과 말씀과 사상으로 생생하게 유지하지 못했다면 후대에 그렇게 큰 영향력을 끼치지는

---

21 이 같은 선상에서 프란치스코만을 '최초의', '유일한' 사람으로 여기고 프란치스칸 수도 가족의 역사를, 가난뿐만 아니라 성인이 철저하고 일관되게 구현했던 다른 인간적 가치에서도 점차 멀어져 간 '퇴락'과 심지어 '배반'의 역사로 여기는 P. Sabatier, A. Holl 같은 학자들이 있다.

못했을 것이다. 그리고 성 프란치스코적인 인간상의 어떤 특징적인 면모가 프란치스칸들에 의해 생생하게 유지되어 오늘에 이르기까지 시민 의식과 문화 안에 자취를 남겼는지 보기 위해서는, 프란치스칸 영성의 역사에 대하여 단지 책뿐 아니라 프란치스칸 수도 가족이 일구어왔던 실제 문화(거주, 환경, 성당, 관습, 전통) 속에서 그 면모를 읽고 연구해야 한다.

여러 학자들은 수세기 동안 프란치스칸들의 문화적 태도와 다양한 영적, 지적인 견해 속에서 특정한 삶의 자세와 가치가 있음을 보고 있다. 그 가운데 어떤 점들은 서구 문명 속에 널리 흡수되고 퍼졌으며, 또 어떤 점은 최근에 그 가능성을 드러내고 있는 중이다.[22] 몇 가지 예를 든다면, 역사가들이 이탈리아 인본주의의 태동에 크게 이바지했다고 보는 프란치스칸들의 맑고 긍정적인 눈길과[23] 아씨시의 가난뱅이 프란치스코를 따르던 제자들과 재속프란치스코 회원들이 실현했던 형제애이

---

[22] 과거와 현재의 문화 속에 현존하고 있는 이 같은 가치에 대해 J.A. Merino의 책을 참조할 수 있다: *Umanesimo francescano,* cit., passim; *Visione francescana della vita quotidiana,* cit., passim.

[23] 역사가 가운데 J. Huizinga의 이름을 들 수 있다. 그의 책 *Il concetto della storia*를 참조할 수 있다. M. Cayota는 다음과 같이 쓰고 있다: "프란치스칸 운동은 13세기 내내 자연의 아름다움과 가치를 민감하게 드러내면서 사람들의 눈길을 '누이인 자연'을 향하도록 했다. 따라서 창조된 실재에 관심을 기울이고 그것을 높이 평가한 것은 르네상스만의 공로나 새로움이 아니다. 이러한 의미에서 어떤 이들은 아씨시의 프란치스코야말로 '최초의 인본주의자'라고 주장한다. 이러한 생각을 어떻게 판단하든, 이미 13세기부터 르네상스 시대에 꽃을 피우게 될 새로운 태도들이 태동했다는 점은 확실하다. 우리는 프란치스코의 태양의 찬가에서 근대에 주장되고 발전된 태도와 원리를 쉽게 찾아볼 수 있다. 르네상스 시대의 인간들은 이미 이전 세기에 시작되었던 이러한 과정을 심화하였고 어떤 경우에는 이교화하기도 했다.": *La sfida dell'utopia nel mondo nuovo,* Messaggero, Padova 1992, pp.38-39.

다. 이는 계층 사이의 장벽을 허물기 위한 노력과 우리 시대의 윤리적, 사회적 자각의 핵심인, 소외받은 이들과 가난한 이들에 대한 관심과 같은 사회적 성격을 지닌 새로운 시도를 통해 구체화되었다.[24]

프란치스칸 철학과 신학은 삶과 문화적 체험 속에 언제나 구체적으로 스며들어 있는 프란치스칸 사상과 관련해, 인간에 대한 성 프란치스코의 체험과 증언을 바탕으로 인류의 영성 생활에서 괄목할 만한 영향을 미쳤으며 여전히 그 효력을 발휘하고 있다. 보나벤투라는 인간을 존재론적으로 가난하며 근본적으로 한계지어진 존재로 보고 있다. 따라서 인간은 지나친 욕망과 헛된 권력에 대한 의지와 자신의 한계를 망각하는 거짓된 실존 계획을 통해 자신을 실현하려는 태도를 단념하게 된다.[25] 스코투스는 인간을 최종적 고독(ultima solitudo)으로 본다. 그렇지만 인간은 자유로운 사랑으로 하느님과 세상과 관계를 맺도록 근본적으로 열려 있는 존재이다.[26] 프란치스코 수도회의 많은 지성인들은 신앙에

---

24 이 새로운 시도들과 그 사회적 잠재력에 대해 다음 책을 참조할 수 있다: P. Péano, *Storia del Terz'Ordine Francescano*, Modena 1969 (orig. franc. 1943); L. Iriarte, *Storia del francescanesimo*, Dehoniane, Napoli 1982, pp.551-579.

25 이러한 보나벤투라의 시각에 대해 여러 책이 있다. 그러한 책들의 내용을 풍부하게 인용하고 있는 T. Johnson, *Poverty and Prayer in the Theology of st. Bonaventure,* in MF 90 (1990), pp.19-60을 참고할 수 있다(또한 in GrFr 5 [1991], pp.55-91).

26 스코투스는 인간에 대한 이 같은 견해를 다음 작품에서 제공해 주고 있다: *Ord.,* III, d. 1, q. 1, n. 17; *ivi,* d. 2, q. 1; *Rep. Par.,* I, d. 25, q. 1, n. 5; *Ord.,* III, d. 1, q. 1, n. 5; *Quodl.,* q. 3, n. 4; *ivi,* q. 19, n. 19. 스코투스의 이 같은 시각을 짧지만 명료하게 드러내고 있는 책은 J.A. Merino, *Visione francescana della vita quotidiana,* cit., pp.102-105; 또한 B. Bonansea, *Importanza e attualità della dottrina di D. Scoto,* in Ant 60 (1985),

대한 크리스천 실존의 '실천적' 차원과 신학적 성찰의 '실천적' 차원을 강조했다.[27] 오캄의 윌리엄은 구체적인 차원과 어떠한 원리나 규범, 그리고 보편적인 공리를 위해서도 희생되어서는 안 될 인간의 고유한 독자성을 특히 강조했다.[28]

지성적이고 교의적인 가치라기보다 영성적이고 실존적인 이 모든 가치들은 프란치스칸 신학자들이나 프란치스칸 학파들이 단지 이론화했을 뿐만 아니라 무엇보다 프란치스칸들의 공동체 의식 속에서, 특히 프란치스코 수도회의 성인들이 모범적으로 실천하였다. 오늘날 프란치스칸 가족은 성인이 인간에 대해 말하면서 최상의 방식으로 실현했고 조화시켰던 두 요소, 즉 인간의 위대함과 가난함을 존중하는 인간학을 새로운 문화 상황 속에서 발전시키기 위해 이 가치들을 다시 회복하고 활성화할 임무를 띠고 있다.

---

pp.553-578을 참조할 수 있다. 형이상학적 관점에서뿐만 아니라 영성적인 관점에서도 중요한 스코투스의 심오한 생각을 인용할 만하다: "자유는 영혼에게 가장 소중하고 귀한 것이다. 따라서 인간에게 가장 소중하고 귀한 것이다.": *Rep. Par.*, IV, d. 15, q. 4; XXIV, 26a.

27 '정묘한 박사' 스코투스는 이 문제를 in *Ord., prol.*, p. V, qq. 1-2, nn. 217-366, Edizione Vaticana, I, pp.151-237에서 다루고 있다. 또한 cf. *Lect.* I, prol., nn. 132-187, Edizione Vaticana, XVI, pp.45-62. 이 문제에 대한 스코투스의 입장은 W. Pannenberg가 명료하고 깊이 서술한 *Epistemologia e teologia,* Queriniana, Brescia 1975, pp.218-222에서 볼 수 있다.

28 오캄에 대해서는 이미 언급한 M. Damiata의 두 책 외에도 A. Coccia, *Ockham. Filosofia, teologia, politica,* Palermo 1966; P. Alféri, *G. d'Ockham. Le singulier,* Paris 1989를 볼 수 있다. 오캄의 사상에 대해 짧지만 잘 된 종합은 M. Cayota, *La sfida...,* cit., pp.241-246.

제11장

오늘의 프란치스칸 영성[1]

앞으로 보게 될 장에서는 프란치스칸 가족이 그들의 역사와 특히 성 프란치스코라는 원천에서 어떻게 자양분을 추출해 내면서 오늘날 영성적으로 이바지하도록 부름받고 있는지 제시하기 위해, 현대의 문화 상황과 현대 크리스천들의 영적인 관심과 자각에 대해 조명해 보려고 한다. 현재 태동하고 있는 크리스천 영성의 중요한 특징과 경향을 제시하기에 앞서 현대 세계의 의미심장한 문화 현상을 살펴볼 것이다. 왜냐하면 이러한 점은 과거의 크리스천 삶을 새로운 감각으로 바라보면서 과거와는 다른 방향으로 오늘날의 크리스천 영성을 재현하도록 촉진하고 이끌어가는 '시대의 징표'로 볼 수 있기 때문이다.

1. 현대 세계의 문화 특징과 현상

---

[1] 이 장과 다음 장의 본문은 저자의 글, *Contributo francescano all'elaborazione di una spiritualità cristiana contemporanea,* in MF 92 (1992), pp.3-32를 약간 수정하여 다시 실은 것이다.

1) 널리 만연된 현상

가. 세속화: 개인의 삶과 사회생활 속에서 지상 가치가 드러나고 신적인 존재 또는 초월적인 존재에 대한 언급이 눈에 띄게 감소하면서 인간 실존과 역사가 세속화되었다. 이것은 이른바 제1세계에 가장 널리 만연된 문화 현상이다. 그렇지만 과학 기술 문명이 전 지구적으로 확장됨에 따라 이러한 현상은 세계 어디에서나 빠르게 확산되고 있다. 물론 이 현상은 지난 여러 해 동안 그 시대적 중요성으로 말미암아 과대평가되기도 했지만, 현재 진행되고 있는 '세속화의 퇴조'로도 멈출 수 없었고 뒤집어엎을 수 없었던 것이 사실이다.[2] 현 사회는 분명히 세속화와 탈세속화 사이에서 흔들려 움직이고 있으며 "이 두 가지 현상의 여러 요소를 다함께 지니고 있다."는 특징이 있다.[3] 그렇지만 과학 기술 시대의 인간은 과거와 달리 신적인 존재가 자연스럽게 직접 드러나지 않는 곳에서 세상과 관계를 맺게 될 것이다. 이제 인간은 침묵과 신비의 지평 안에서 신적 존재를 체험하도록 부름받고 있다.[4]

나. 인간적 형제성: 이는 평화 건설을 위한 새로운 노력과 더불어 추

---

[2] 이에 대해 S. Martelli, *La religione nella società postmoderna tra secolarizzazione e desecolarizzazione*, EDB, Bologna 1990을 참조할 수 있다.

[3] 여러 사회학자들의 주장이다. 이 표현은 S. Martelli, *o.c.*, pp.364ss.에 있다.

[4] Cf. C. Geffrè, *Crocevia tra culturale e spirituale*, in B. Secondin-T. Goffi, *Corso di spiritualità*, Queriniana, Brescia 1989, pp.222-244.

구하고 '평화의 문화'와 더불어 계속 보존하여야 할 것이다. 공산주의가 몰락하고 냉전이 끝나도 평화로운 세계는 결코 건설되지 않았다. 오히려 여러 가지 다른 요인들이 생겨나면서 세상에 분열과 충돌이 있어 났고 그런 현상은 지금도 계속되고 있다. 현대인은 인류 전체의 선(善)인 형제성과 평화를 기본적으로 요청하고 있다.

다. 연대성: 이는 국가적 차원에서나 국제적 차원에서 중요한 사회가치이다. 마르크스의 사회주의적 체제의 폭력적 방법과 수단을 어리석게 옹호하기도 했던 연대성은 오늘의 인간 양심이 깊이 공감하는 문화적, 도덕적 가치 가운데 하나로 남아 있다. 그렇지만 사람과 단체와 국가 간의 이기주의가 팽배한 곳에서 본연의 힘을 잃어버릴 위험도 있다.

라. 인간과 자연의 관계성 회복: 인류가 더욱 건강한 세상에서 다른 피조물과 더불어 사는 즐거움을 누리기 위해서는 환경을 분별없이 파괴해서는 안 되고 생태계를 보호해야 한다. 이는 생태학적인 요청으로서, 인간이 더욱 인간답게 살 수 있는 조건인 환경과 새로운 관계를 맺으려는 이유인 동시에 그러한 관계의 표현이다.[5]

마. 더불어 사는 인간: 오늘날 우리는 가난한 이와 억압받는 이와 비

---

[5] 이 주제와 관련해 거의 모든 언어권에서 많은 저작이 나왔다. 신학에서 이 주제를 다루고 있는 몇몇 작품을 앞으로 소개할 것이다.

인간적인 대우를 받는 이들과 여러 가지 모습으로 소외받는 이들을 억압하고 죽음으로 내모는 구조에 대항해 '인간 해방'을 위해 노력하면서 '정의와 참된 형제애'를 드러내고 '인간 공존'의 가치를 실현하고 있다.[6] 이는 단지 개인 차원의 문화 현상이 아니라 전 세계적인 사회 문화 현상이다. 왜냐하면 이것은 지역 국가 간의 연합과 북반구와 남반구, 부자들의 세계와 가난한 이들의 세계 사이의 관계를 재설정하는 문제와 관련되기 때문이다.

2) 최근에 나타난 현상

가. 포스트모더니즘[7]: 이 문화 경향은 전체적, 메시아적, 종교적인

---

6 이는 세계의 여러 지역, 특히 제3세계와 제4세계에서 벌어지고 있는 민중들과 가난한 이를 위한 모든 해방 운동의 핵심이다. 이 운동은 국가적, 인종적, 국제적 성격을 지닌 다양한 이데올로기에서 영감을 받았다. 크리스천 세계에서는 최근 수십 년 동안 여러 문화 상황과 특히 라틴 아메리카의 상황에서 '해방신학'을 발전시켰다. 해방신학을 전체적으로 살펴보기 위해서는 B. Chenu, *Teologie cristiane dei terzi mondi,* Queriniana, Brescia 1988 (fr. 1987)을 볼 수 있다. 장차 해방신학이 열어야 할 새로운 영역과 과제에 대해 P. Richard, *A teologia di Libertaçao na nova conjuntura. Temas a desafios novos para a década de noventa,* in REB 51 (1991), pp.651-663을 참조할 수 있다.

7 '포스트모던'이라는 용어는 먼저 건축학 분야(20세기 초 이탈리아와 미국)에서 사용하였고, 이어서 인간 활동의 다른 영역에 있는 현상과 경향을 표현하기 위해 차용하였다. 1980년대부터 이 용어는 인류 역사의 근대 혹은 모던(modern) 시대 이후에 따라온 새로운 시대의 탄생과 태동을 일컫게 되었다. R. Guardini는 '근대시대의 종말'을 이미 수십 년 전에 말했음을 기억할 필요가 있다: cf. 그의 책, *Das Ende der Neuzeit,* München 1950. 이탈리아에서는 G. Vattimo, *La fine della modernità,* Garzanti, Milano 1985가 큰 성공을 거두었다. '모던'과 '포스트모던' 사이의 연속성과 단절성에 대해 독일어로 된 H.J. Türk, *Zeitwende in der Philosophie?,* in StdZ (1988),

차원을 통해 현대에 중요했던 모든 이데올로기의 이론적, 실천적 실패를 인정했다는 데 가치가 있다. 그렇지만 존재하는 것의 기초와 최종 의미에 대해 질문하기를 포기하고('연약한 사고[pensiero debole]')[8], 인간 자유의 원인이 되는 모든 커다란 목적을 허망한 것으로 여기며, 단편적인 사고와 서글픈 실존적 동기에 만족하면서 결국에는 허무주의 인생관으로 축소되고 만다.

나. 뉴에이지: 현재 북반구에서 매우 활기를 띤 운동이다. 근대 서구 세계를 지배하던 문화를 근본적으로 대체하는 문화 반전을 옹호하고 신비주의에 높은 중요성을 부여하고 있다. 세상에 대한 전체적 시각으로 모든 실재를 유기적으로 조화된 일체로 보면서 우주 차원의 영성을 제공하고 있다. 본질적으로 명상과 신체, 심리 훈련을 실행하고 개인의 자의식을 확장함으로써 개인과 보편적인 심리적 힘의 통합과 일치를 제시하고 있다. 오늘날 서양에 널리 유포된 신비적 종교 경향을 대표한다.[9]

---

pp.147-166에서 볼 수 있다. 분량이 많지는 않지만 스페인어로 쓰여진 좋은 책은 J.M. Mardones의 *Postmodernidad y cristianismo. El desaf o del fragmento,* Sal Terrae, Santander 1988이다. 또한 스페인어로 된 *Revista de Espiritualidad,* nn. 192/193, 1989를 참조할 수 있다. 사상적, 사회학적 관점에서 아주 좋은 내용은(풍부한 참고 문헌과 함께) S. Martelli, *o.c.,* pp.369ss.에 있다.

8 G. Vattimo-P.A. Rovatti, *Il pensiero debole,* Feltrinelli, Milano 1983; A. Rizzi, *Le sfide del pensiero debole,* in RdT (1986), pp.1-14; P. Orlando, *Il pensiero debole. Postilla marginale di un intellettuale critico,* in DocCom 44 (1991), pp.29-50.

9 이에 대한 참고 문헌이 많다: cf. 그 가운데 이 운동에 영감을 주는 책은 M. Ferguson, *The Aquarian conspiracy. Personal and social transformation in our time,*

다. 그리스도교와 이슬람 및 유다교에서 일컫는 '신의 복수'와 '종교적 부흥': 첫째 표현은 케펠(G. Kepel)이 쓴 책의 제목이고, 둘째는 자른트(H. Zahrnt)가 최근에 쓴 책에 있는 장(章)의 제목이다.[10] 이는 사회학자들과 종교 역사가들과 신학자들을 놀라게 했던 예상치 못한 현상으로, 많은 이들이 거기서 세속화의 종말이 시작되었음을 보기도 했다. 그러나 이러한 평가는 성급하고 단순해 보인다. 역사적 사실에 대해 일방적이고 관념적인 평가는 권할 만한 것이 아니다. 그러나 자신 안에만 갇혀 초월자에 대해 아무런 언급도 하지 않는 인류의 문화적 전망과 계획을 분명히 다시 돌아보게 된다. 그렇지만 성스러움에 대한 시각을 회복하거나 전적으로 과거의 신 중심 문화로 돌아가는 것을 의미하는지는 의문스럽다.

라. 문화와 종교의 다원화: 오늘날의 인류가 인종적으로 뿌리박힌 본능과 종교적인 불관용을 극복하는 가운데 '다른 사람들'에게 자신을 열고 문화적으로 깊고 폭넓은 개방을 실현하도록 자극하는 새로운 역사적 현상과 관계된 문제이다. 동시에 이러한 문화 현상과 상반된 방향

Boston 1980; F. Capra, *The Tao of Physics,* 저자가 1975년에 출판함; 이탈리아어판, *Il Tao della fisica,* Adelphi, Milano 1989²; Id., *Wendezeit. Bausteine eines neuen Zeitalters,* M nchen 1987¹; J. Sudbrack, *La nuova religiosità,* Queriniana, Brescia 1988 (ted. 1987); G. Schiwy, *Lo Spirito dell'Età Nuova. New Age e cristianesimo,* Queriniana, Brescia 1991 (ted. 1990); Id., *Il «New Age». Una nuova sfida per il cristianesimo,* in CivCatt 1991, IV, pp.541-552.

10 Cf. G. Kepel, *La rivincita di Dio,* Rizzoli, Milano 1991 (orig. francese, *La revanche de Dieu. Chrétiens, juifs et musulmans à la reconquête du monde,* Seuil, Paris 1991); H. Zahrnt, *La ricerca di Dio,* Rizzoli, Milano 1992, 특히 pp.28-41 (ed. ted. 1989).

으로 종교적 근본주의와 편협한 종교적 통합주의가 다시 살아나고 있는데 이슬람 세계 및 그리스도교와 유다교의 몇몇 분파에서 특히 두드러지게 나타나고 있다.

마. 전체주의 이데올로기의 붕괴와 이와 연결된 심리적, 사회적 위기로 많은 사람이 희망을 잃게 되어 오락과 취미생활로 도피하는 현상, 삶에 대한 권태, 개인과 공동체 결속의 붕괴, 이기적인 개인주의, 헛된 확실성을 제공해 주는 과거와 관습에 집착하는 모습이 나타나고 있다.

2. 오늘날 크리스천 영성의 중요한 특징과 경향

현대 크리스천 삶과 그 안에 포함되어 있는 프란치스칸 삶을 심화하고 발전시키기 위해 오늘날 교회 안에서 몇 가지 중요한 영성 체험이 활발히 전개되고 있다. 여기서 '영성'이라는 단어는 지금 우리가 하려고 하는 고찰의 한계를 그어주고 있다. 사실 이 자리에서 짧게나마 현대 세계의 크리스천 자각과 감성에 대해서도 서술할 수 있다고 생각하지 않는다. 현대 크리스천 삶 안에서 더욱 두드러진 특징 가운데 단지 몇 가지만 지적해 보려고 한다.

1) 신비로운 하느님

인류는 역사 속에서 비록 그 양상은 다를지라도 언제나 초월적인 것과 신적인 것에 대해 말로 표현할 수 없다고 느껴왔다. 이에 대한 여러 종교의 증언은 수없이 많다. 신약성경의 신앙에 뿌리를 내리고 있는 크리스천 공동체 역시 하느님이 자신의 아들을 통하여 인간 안으로 가까이 내려오셨음을 고백해왔고 늘 고백하면서도, 하느님의 초월적이고 비가시적이며 신비적인 차원을 생생하게 간직해왔다. 이러한 현상은 특히 신비주의적 경향을 지닌 영성적 흐름 속에서 강하게 두드러졌다.

근대 서구인들은 자신들이 지닌 이성의 힘과 과학 기술적 성취에 도취되어, 삶과 역사 속에서 말로 표현할 수 없고 신비에 싸여 있는 존재의 자리를 부정할 수 있고 부정해야만 한다는 환상 속에 오랫동안 빠져 있었다. 그들에게 자신들의 머리와 손으로 포착하고 통제할 수 없는 영역의 실재를 이론으로든 실제로든 허용한다는 것이 더는 가능해 보이지 않았던 것이다. 이와 비슷한 확신들은 널리 퍼져 있는데 오랫동안 초월적인 영역을 인정하고 표현하는 데 큰 걸림돌로 작용했다.

이러한 사고 때문에 근대 신앙인들은 하느님에 대한 믿음을 적대적인 분위기와 경우에 따라서는 질식할 만큼 어려운 상황 속에서 실현해야 했다. 그리고 하느님의 존재와 하느님에 대한 믿음이 수용될 만한 것임을 옹호하고 정당화하는 것이야말로 자신들의 주된 과제 가운데 하나라고 느꼈다. 그러나 이러한 상황에서 그들은 과거로부터 물려받은 하느님에 대한 생각을 더욱 정교하게 다듬고, 특히 하느님의 초월적이고 신비적인 성격을 강조하게 되었다.

최근 수십 년 동안 서구세계의 문화 분위기는 많이 변하였다. 인간의 전능함과 잠재력을 자부하고 인간의 통제와 조작이 불가능한 신비적인 실재를 거부해오던 과학적, 철학적, 문화적 요소들이 깊은 위기에 빠졌다. 오늘날의 인간은 자신을 둘러싼 실재가 자신보다 훨씬 더 큰 것이고, 자신을 능가하며 자신의 지성과 지각만으로 포착할 수 없는 것이라고 느끼고 있다. 그리하여 인간 의식 안에 신비에 대한 자리가 새로이 열리게 되었고, 적어도 인간의 사고와 행위로 마음대로 이해하고 조작할 수 없는 실재의 신비로운 차원에 자신을 열게 되었다.

이 새로운 문화적 분위기, 즉 신앙에 대해 호의적이거나 적어도 신앙에 대해 편견이 없는 분위기 속에서 하느님을 믿는 신앙인, 특히 크리스천들은 덜 방어적이고 더욱 순수한 태도와 하느님의 신비에 대한 새롭고 생생한 자각 속에서 그들의 신앙을 실현하고 있다. 최근에 하느님과 초월적인 존재를 격렬하게 부정해오던 문화가 사라짐으로써 크리스천들은 하느님에 대한 믿음을 새롭게 확인할 수 있었다. 또한 그분의 영역은 신적이지 않은 모든 것과 인간의 이성적, 활동적 영역에서 명백히 분리되어야 하고, 하느님은 인간과 모든 피조물을 향한 그분의 신비로운 실존과 계획 안에서 존중받고 공경받아야 하며, 포착할 수 없고 형언할 수 없는 하느님은 인간이 더욱 충만하고 행복하게 자신을 실현하기 위해 넘어서야 할 장벽이 아니라, 평온과 만족과 기쁨을 가져다주는 동기가 된다고 의식하게 되었다.

여기서 우리는 하느님의 신비에 대한 생생한 의식과 이에 대한 깊은 존중, 하느님의 주권과 그분의 현존과 계획에 따라 인도되도록 자신을 맡기는 자세, 인간 곁에 가까이 계시는 분이면서도 형상화될 수 없고 말로 표현될 수 없으며 신비로운 얼굴을 한 '타자(他者)'요 이 순례의 여정에 위안과 복을 주는 분에 대한 살아 있는 관심과 같은 오늘날 크리스천 영성의 특성을 찾아볼 수 있다.

2) 크리스천 삶의 중심인 예수 그리스도

진정한 모든 크리스천 영성은 예수 그리스도를 삶의 중심과 규범으로 삼지 않을 수 없다. 크리스천 삶의 역사는 이를 잘 드러내주고 있다. 그렇지만 이러한 사실이 언제나 분명하고 명확한 것은 아니었다. 오늘날 크리스천 의식 속에서, 비록 강조점과 관점은 다를지라도, 예수 그리스도는 기초요 반석(참조: 마태 7,24), 길이요 진리요 생명(참조: 요한 14,6), 생명을 주는 빵(참조: 요한 6,35.48), 자신의 양분으로 기르는 포도나무(참조: 요한 15,1), 목자와 안내자(참조: 요한 10,11)의 자리를 차지하면서 복음에서 그 자신에게 부여하던 역할을 인정받고 있다.

오늘날 크리스천 삶의 중심을 그리스도 안에 두는 현상에는 여러 가지 이유가 있다. 그 가운데 몇 가지만 열거해 본다. 인간 역사 안에서 하느님과 인간의 참된 모습인 예수 그리스도를 우리에게 제공해 주는 계시 내용에 대한 살아 있는 충실성[11]; 예수의 말씀과 행위 안에서 인간적

---

11 이와 관련해 AA.VV., *Gesù Cristo volto di Dio e volto dell'uomo*, Collana di Cristologia, 1 - Seraphicum, Herder, Roma 1992를 참고할 수 있으며, 특히 저자의 연구인 *Gesù Cristo rivelazione di Dio e archetipomodello dell'uomo nella cristologia*

으로 대단히 의미심장한 실존 양식을 건설하도록 이끄는 가치와 지침을 발견하면서 개인의 삶과 사회생활의 방향을 구체적으로 확립하려는 요구; 삶에 대해 다양한 형태의 가르침과 종종 상반된 제안과 주장 또한 넘쳐나고 있는 세상에서 크리스천 신앙인의 참된 정체성을 강화하려는 바람 등이다. 이처럼 예수 그리스도에 대한 확고한 언급은 오늘날 크리스천 공동체의 영성생활에서 특징적인 면을 구성하고 있다.

그리고 이러한 현상 속에서 비록 과거에 없었던 것은 아니지만 오늘날 특히 더 필요하다고 느끼며 추구하는 측면이 있다. 그것은 바로 역사적 예수의 말씀과 행동과 실천과 같이 그분의 구체적이고 역사적인 삶에 대한 언급이다. 이는 나날의 역사 속에서 인간 실존을 살고 있는 크리스천들에게 삶의 프로그램이 될 수 있다. 역사적 예수에 대한 접근은 주님이고 메시아이며 하느님의 아드님이신 분에 대한 믿음의 영역 안에서 가능하다. 이것은 사람들 가운데서 말씀하시고 행동하시고 특정한 태도를 보이시는 예수께 집중된다. 왜냐하면 주님이시고 하느님의 아드님이신 분이 역사적 삶 속에서 높은 가치를 지닌 충만한 실존의 모범을 인간들에게 보여주셨고 또 계속해서 보여주시기 때문이다. 그 때문에 오늘날 크리스천 영성은 그리스도이고 주님이며 하느님의 아드님이신 나자렛 사람 예수를 따르면서 근본적으로 그리스도론적이다.

---

contemporanea, pp.141-252를 참조할 수 있다.

3) 신앙생활의 교회적 차원

제2차 바티칸 공의회는 성찰과 선언과 결정의 중심에 교회를 두었다. 이로써 공의회는 제1차 바티칸 공의회를 통해 점진적으로 발전된 교회 중심적인 신앙 의식의 성숙을 도모했고, 신앙인들의 공동체에 역사상 거의 유일했다고 할 만큼 깊은 교회적 자각과 의미를 심어주었다. 물론 공의회 이후 여러 해 동안 하느님과 예수 그리스도와, 해방을 위한 투쟁을 통해 자신의 역사를 건설하는 인간과, 창조주이신 하느님이 인간에게 주신 환경으로서 파괴의 절박한 위험에서 구해야 할 세상과 같은 주제들이 신앙인들의 의식과 삶을 결정지었음이 사실이다.

제2차 바티칸 공의회가 교회적 차원에서 크리스천 신자들의 의식 속에 심어 놓은 점은 신앙인들의 삶에 더욱 유익한 요소 가운데 하나로 남게 되었다. 모두 하나인 하느님 백성에 공동으로 속한다는 의식과, 세례를 기초로 교회를 이루며 다함께 교회를 건설해가고 그리스도가 세상에 주는 생명과 희망의 선물을 함께 증언하도록 모든 이가 성령에게서 다양한 카리스마를 받는다는 생생한 자각은, 교회적 차원을 오늘날 크리스천 삶에서 더욱 필요하고 의미 있는 특징 가운데 하나로 삼는 신앙 체험의 요소를 구성한다.

4) 친교의 열매이며 표지인 형제성

교회에 대해 제2차 바티칸 공의회가 우리 시대의 크리스천 의식 속에 제공해 주었던 시각은 친교를 나누는 교회에 대한 시각이다. 교회는 인간과 하느님의 친교와 그리스도 안에서 인간 상호간의 친교의 신비로 이해되고 소개되었다. 예수 그리스도가 하느님의 자녀들로 구성된 거대한 가족의 맏아들(참조: 특히 「교회 헌장」 2 이하와 「사목 헌장」 22)로 공의회 문헌에서 소개되고 있다는 사실은, 공의회가 인류의 보편적 형제성을 특히 강조했다는 것이고 교회는 그것을 언제나 더욱 밝히 드러내고 실현하는 성사요 표징이라는 것이다(참조: 「교회 헌장」 1;9).

보편적 형제성으로 표현되는 이러한 교회적 시각은 크리스천 의식 속에 형제성이 지닌 가치와 의미를 교회적 구조뿐 아니라 모든 인간 안에서도 강화하였다. 아마도 이러한 가치가 오늘날처럼 생생하고 폭넓게 크리스천 신자들의 체험 속에 들어간 적은 없을 것이다. 오늘날 세계 안에 종교의 장벽은 여전히 남아 있다. 그렇지만 그리스도 안에서 실현된 믿음은, 모든 이가 유일한 하느님 아버지의 자녀들이고 모든 이의 구원자요 형제이신 그리스도 안에서 모두 한 형제라는 이상을 생생하게 간직하고 있다. 오늘날 문화, 사회, 정치, 개인 차원에서 교회의 삶을 풍요롭게 하고 있는 수많은 새로운 노력은 근시안적인 사람의 눈이 아니라 하느님과 그리스도의 눈으로 인류의 공존을 바라보게 하는 신앙의 가치 위에 최종적인 뿌리를 두고 있다.

5) 종이신 예수의 모범을 따라 역사 속에서 이미 건설되기 시작한 하느님 나라를 위해 봉사하는 크리스천 삶

앞에서 말했던 역사상의 예수에 대한 관심은 오늘날 그리스도를 따르는 신자들의 삶 속에서 하느님에 대한 봉사와 그분 안에서 인간에 대한 봉사를 중심에 두면서 결국 인간 사이에 있는 하느님 나라에 대한 봉사에 초점을 맞추고 있다. 오늘날 봉사에 대해 화려하게 외치는 구호를 많이 들을 수 있는데, 이는 사실상 인간의 허영심에서 비롯되는 경우가 많다. 그렇지만 종의 모습으로 자신을 구체적으로 드러낸 예수의 모범은 오늘날 수많은 크리스천들의 삶에 영감을 주고 그들의 활동에 방향을 제공한다. 예수의 그러한 모범을 따라 때로는 침묵과 신중함 속에서, 때로는 해방과 독립을 위해 봉사해야 할 사회 상황 속에서, 공적이고 예언자적인 고발을 통해 봉사의 복음적 가치를 증언하고 비록 하느님 나라의 참된 가치가 언제나 잘 인지되지는 않지만(참조: 마르 4,26-29) 인간 사이에서 커가고 있는 이러한 가치를 확장하는 일에 크리스천들이 이바지하게 된다.

그리스도의 제자들은 하느님의 부성(父性), 그리스도 안에서 모든 인간의 형제적 관계, 정의와 평화 실현을 위한 모든 이의 노력과 협력과 참여와 같이 하느님 나라의 참된 내용들을 선포하는 것이 예수가 행했던 봉사를 구체적으로 실현시키는 것이라는 점을 생생히 인식하고 있다. 오늘날 크리스천 영성은 이러한 가치에 대단히 민감하며 이러한 가치를 우리 가운데 하느님 나라가 도래했다는 판단의 기준으로 삼고 있다.

6) 세상 속에 계시는 하느님의 현존

오늘날 크리스천 영성은 과거 어느 때보다도(예외적인 몇몇 신앙의 인물들이 있으며 그 가운데 아씨시의 성 프란치스코, 바뇨레죠의 성 보나벤투라를 열거할 수 있다. 이들에 대해서는 앞으로 다룰 것이다) 하느님의 피조물 안에 있는 그분의 현존을 명료하게 볼 줄 안다. 여러 신학, 역사, 문화 요인은 신앙 체험의 이 같은 차원을 다시금 일깨워 주었는데, 이는 구약성경(참조: 창세 1장과 2장; 시편, 지혜서)과 예수께서, 하늘에 계신 아버지께서 그분이 창조하신 피조물의 생명과 안녕을 돌보아 주고 계신다고 증언해 주신 내용(참조: 마태 6,26-30)에 그 견고한 기초를 갖추고 있다. 현대 세계의 모습은 과거 천년과 수세기 전의 모습과 너무나 다르기에 새로운 강조점과 관점으로 피조물 안에 계시는 하느님의 현존을 일깨워야 하겠다. 이러한 차원은 오늘날 크리스천 삶에서 가장 의미심장한 차원 가운데 하나를 구성하고 있다.

우리는 현대 크리스천 영성을 특징짓는 문화 요인과 영성의 흐름을 전체적으로 살펴보았다. 여기서 우리는 이런 질문을 던질 수 있다. 크리스천 영성이 복음의 빛을 잃지 않고 우리 시대와 다음 시대 인간 안에서 성장하도록 프란치스칸들이 고유한 방식으로 이바지할 수 있는 길은 무엇인가?

그 해답을, 성 프란치스코와 프란치스칸 영성의 기초적 영감과 내용에 대해 강조했던 점을 조명하면서 찾아보자.

제12장 현재와 미래를 위한 프란치스칸 영성의 여러 요소

우리는 이 장에서 프란치스칸 영성이 지금 발전시키고 심화해야 할 모든 내용에 대해 지침을 줄 수는 없다. 여기서는 단지 프란치스칸 영성이 믿을 만한 삶의 증언을 통해 창출해내고 실현하며 제안해야 할 몇 가지 영성적 임무와 그 구체적인 내용에 대해서만 지적해 보겠다.

1. 가난하고 겸손하고 십자가에 못박히신 예수 그리스도를 체험함

현대 문화 상황 속에서 삶으로 실현하고 사변적 성찰로 발전시켜야 할 프란치스칸 영성은 먼저 현대 교회의 신앙적 감수성과 신학적 분위기와 조화를 이루는 가운데 그들의 삶과 신학적, 영성적 성찰로써 그리스도의 신비를 바탕으로 하느님과 교회와 인간과 세상의 모든 실재에

대한 체험에 이바지해야 한다.[1]

프란치스칸 영적 전통(이와 관련해 프란치스코가 「인준받지 않은 회칙」 23,1-8에서 예수 그리스도에 대해 말하고 있는 내용과 성 보나벤투라, 복자 요한 둔스 스코투스와 프란치스칸 학파의 그리스도론적 견해를 기억할 수 있다)은 물론이거니와 최근의 크리스천 영성 흐름과 이룬 조화 속에서, 프란치스칸들의 영적 삶은 크리스천 실존의 핵심인 예수 그리스도의 신비를 실현하고 이를 구체적으로 따르는 데 그들의 영적 체험과 증언의 중심을 두어야 한다. 그러나 이는 프란치스코 성인의 기본적인 체험 위에서 그 초점을, 성자 예수 그리스도를 통해 출생에서 십자가에 이르기까지 자기 낮춤의 사랑으로 더욱 친밀하게 인간과 통교하고 인간으로 하여금 자신을 비우는 철저한 사랑으로 자신을 내어놓도록 하느님께서 선택하신 겸손과 가난과 자기 낮춤의 실존 양식에 두어야 한다.

프란치스칸 영성은 가난하고 겸손하고 십자가에 못박히신 예수 그리스도 안에서 드러난 하느님 사랑의 겸손한 차원을 생생하게 실현해 가는 가운데, 고유한 신앙 체험과 신학적 성찰로 오늘날의 문화적 상황 속에서 하느님과 교회와 인간과 세상에 대한 의미 깊은 체험을 이끌어 낼 수 있을 것이다.

---

1 현대 영성의 기본적인 흐름에 대해 특히 S. De Fiores, *Spiritualità contemporanea*, in S. De Fiores-T. Goffi, *Nuovo dizionario di spiritualità,* Paoline, Alba 1979, pp.1516-1540; B. Secondin, *Alla prova di una nuova cultura,* in B. Secondin-T. Goffi, *Corso di spiritualità,* Queriniana, Brescia 1989, pp.680-752를 참조할 수 있다.

2. 겸손하고 가난하고 자신을 낮추시는 하느님을 체험하고 증언함

앞서 말했듯이 오늘날 교회 안에서는 하느님의 신비를 생생하게 체험하고 있고, 세속화되고 종교에 관심없는 교회 밖에서는 하느님의 '침묵'과 심지어 하느님의 부재에 대한 체험이 심화되고 있다. 그런데 포스트모더니즘에서는 하느님의 침묵이나 부재가 중요한 문제로 취급되지도 않고 있는 실정이다.

프란치스코 성인의 신앙 체험 속에 생생히 살아 있는 하느님의 신비는, 오늘의 상황 속에서 프란치스칸 영성이 고려해야 할 기본 요소이다. 오늘날 프란치스칸 영성은, 프란치스코 수도회의 창설자와 수도회의 의미 깊은 영성 전통이 간직해왔던 하느님 체험에 다시 다가간다. 지극히 높으시고 말로 표현할 수 없는 분이시며, 최고로 힘 있고 부유하신 분이시지만 자애로운 은총으로 자신의 영예로움을 비우고 인간에게 가까이 다가가 자신의 현존으로 부유해지기 위해 겸손하고 가난하게 되셨으며, 인간에게 삶의 의미를 제공하고, 인간의 마음에 열성과 열정을 더해주며, 존엄성과 희망을 심어 주시는 바로 그 하느님을 현대 세계에 증언해야 한다.

일반적으로 현대인의 의식이 '부유하신 하느님이 가난한 인간이 되셨다.'는 점에 거부감을 느끼고 있다면,[2] 인간에게 삶의 일관성과 기쁨과 죽음의 장벽을 넘어서는 희망을 안겨주면서 인간을 부유하게 하기 위해 겸손하고 가난하게 되신 하느님에 대한 프란치스칸적인 체험과 증언은 그러한 거부감에 대한 구체적인 부정이 될 수 있다. 프란치스칸 영성은 가난함과 연약함 안에서 인간에게 이웃이 되신 신비로운 하느님의 모습과 계획을 실현하고 전하는 가운데 오늘의 문화, 종교 상황 속에서 프란치스코가 다음 말씀 안에 잘 표현해 놓은 체험으로 양육되어야 한다: "우리가 모두, 우리에게 몸과 마음과 생명을 모두 다 주셨고 지금도 주고 계시는 주 하느님을, 우리를 창조하셨으며 속량하셨고 온전히 당신 자비로써 구원하실 주 하느님을, 불쌍하고 비참하며 부패되고 추악하며 배은망덕하고 악한 우리에게 모든 좋은 것을 주셨고 또 주고 계시는 주 하느님을 마음을 다하고…… 소망과 뜻을 다하여 주 하느님을 사랑합시다."(비인준회칙 23,8) 그리고 또 "당신은 사랑이시며 애덕이시나이다. 당신은 지혜이시나이다. 당신은 겸손이시나이다. 당신은 인내이시나이다. 당신은 아름다움이시나이다. 당신은 확실함이시나이다. 당신은 평화이시나이다. 당신은 즐거움과 기쁨이시나이다. 당신은 우리의 온갖 보화이시나이다. 당신은 아름다움이시나이다. 당신은 온화이시나이다. 당신은 보호자이시나이다. 당신은 피난처이시나이다. 당신은

---

2 L. Feuerbach 사상의 핵심이다. 현대 유럽의 많은 사상가들이 종교(그리스도교)를 비판할 때 즐겨 이용했다. 이 주제에 대해 H. Küng이 명료하고 효과적으로 전개한 *Dio esiste?*, Mondadori, Milano 1979 (orig. ted. 1978), pp.218-246을 참조할 수 있다.

우리의 희망이시나이다."(하느님찬미 4-5) 예수 그리스도 안에서 겸손하고 가난하고 인내심 많은 인생 역정의 동반자가 되셨고, 실추된 인간의 운명을 함께 나누며, 특히 형언할 수 없는 겸손으로 자신을 낮추면서 인간들 사이에서 가장 낮은 이들과 함께 하시는 지극히 높으신 하느님은, 오늘날 프란치스칸 수도 가족이 크리스천 영성에 제공하고 세상에 드러내도록 부름받은 하느님의 모습이다.[3]

오늘날 하느님에 대한 프란치스칸 체험은, 현대의 인간이 나날의 역사적 삶 속에서 실현하도록 부름받은 가치인 무상성의 원천으로서 인간을 향해 무상으로 열려 있는 분이신 하느님의 모습을 특히 강조해야 한다. 겸손하고 가난하신 하느님은 자신을 온전히 주시는 하느님이다. 그러나 또한 거저 베푸는 선물과 호의를 인간관계의 척도, 아니 나아가 인간 존재 자체의 원리로서 인간의 정신과 마음에 밝혀 주시는 하느님이다.[4] 이와 같은 하느님을 체험하고 증언하는 힘과 가치는, 세상과 사

---

[3] 프란치스코가 자신의 삶 속에서 경탄하고 영감을 얻었던 원천인 '겸손하고 인내심 많은' 하느님의 모습과 관련해 H.B. Freyer의 *Der demütige und geduldige Gott. Franziskus und sein Gottesbild ein Vergleich mit der Tradition*, J.D. Skotus-Akademie, M nchengladbach 1991을 볼 수 있다.

[4] 프란치스코는 이러한 차원을 분명하게 인식하고 있었고 그의 형제 수도자들의 삶의 비전과 양식으로 제시해 주었다. 그는 육화 사건의 자기 비움이 매일같이 연장되는 성체성사의 빵으로 하느님의 아들이 날마다 내려오는 것을 보면서 하느님의 겸손과 가난함을 묵상하였고 그의 형제 수도자들도 이를 묵상하도록 초대하면서 다음과 같이 덧붙이고 있다: "여러분에게 당신 자신을 온전히 바치시는 분이 여러분을 온전히 받으실 수 있도록 아무것도 여러분 자신을 위해서 남겨두지 마십시오."(형제편 29)

람의 관계를 이해하는 기본적인 잣대를 소유와 지배로 여기는 세상에서 더욱 분명해진다. 인간은 하느님의 모습을 역사 속에 투입함으로써 자신이 근본적으로 선사된 존재라는 더 깊은 진리를 깨닫게 된다. 다른 한편 자만심과 무관심과 다툼의 뿌리이고 나눔과 형제성을 파괴하는 원인인, 자신만을 생각하고 자신의 소유와 권리만을 내세우는 논리에 기초하여 역사적으로나 문«화적으로 인간관계를 규정하고 전체 실재에 접근하던 방식을 근본적으로 변화시키는 것과 관련된다.

3. 가난하신 동정 성모 마리아의 모범을 본받아 가난과 기쁨 속에서 하느님 나라를 향해 회개 여정을 걷는 백성인 교회를 체험함

우리는 프란치스코 성인의 영성이 지극히 교회적이며 그의 수도회는 성인의 증언과 초대를 받아들여 자신의 크리스천 삶을 본질적으로 교회 안에서 구체적으로 실현해 갔다는 점을 살펴보았다. 또한 교회에 대한 성인의 신심의 다양한 측면을 드러낸 바 있다. 현재 프란치스칸 가족이 프란치스코의 신앙생활에서 대단히 중요했던 이 요소를 증언하기 위해서는 프란치스코가 자녀들에게 유산으로 물려 준 고유한 전망을 생생하게 유지하고 구체화하기 위해 노력해야 한다. 그것은 바로 프란치스칸 형제회가 자신들이 보잘것없음을 깊이 자각하면서 가난하고 겸손한 삶의 양식을 통해 상징적이고 예언자적인 방식으로 전체 교회에 지상 여정의 종말론적 목표와 거기에 다다르기 위한 최상의 조건을 제시하는 신앙인들의 모임이 되어야 한다는 점이다.[5]

오늘날 프란치스칸 영성은 과거처럼 교회적이어야 하고 6장에서 언급했던 성인의 교회적 시각과 위대한 프란치스칸 전통에서 자양분을 얻는 가운데 교회에 관한 신학적 성찰을 제공해야 한다. 프란치스코와 프란치스칸 전통이 제공해 주는 영감과 방향은, 최근에 하느님 나라를 향해 순례 중인 하느님의 백성이라는 자신의 고유한 차원을 되찾은 교회 안에서[6] 예수 그리스도를 통해 드러난 하느님의 겸손하고 가난한 사랑의 신비를 생생하게 간직하고, 우리 시대에 신앙인들의 공동체인 교회로 하여금 하느님의 겸손하고 가난한 사랑의 가치를 드높이며, 교회의 지상 순례의 목적지이고 영원한 본향(本鄕)인 주님(하느님 나라)에 대한 희망과 바람으로 고무되고 지탱될 수 있도록 오늘날 프란치스칸들의 정신과 마음을 일깨울 수 있어야 한다.[7]

---

5 Cf. A. van Corstanje, *Un peuple de pèlerins. Essai d'interprétation biblique du Testament de Saint François*, Paris 1964.

6 이러한 교회적 차원에 제2차 바티칸 공의회의 「교회에 관한 교의 헌장(*Lumen gentium*)」은 제7장을 할애했다. 이 주제에 대해 N. De Martini, *L'indole escatologica della Chiesa peregrinante e la sua unione con la Chiesa celeste nella costituzione conciliare «Lumen gentium»*, Brescia 1972; B. Mondin, *La Chiesa primizia del Regno*, Dehoniane, Bologna 1986, pp.389-403; B. Gherardini, *L'indole escatologica della Chiesa*, in L. Andreatta-F. Marinelli, *Il pellegrinaggio. Via della nuova evangelizzazione*, Piemme, Casale Monferrato 1993, pp.33-49.

7 위에서 언급했던 *Il pellegrinaggio*는 프란치스칸에게 유익한 순례 여정과 그 신학적 차원에 대해 흥미로운 성찰을 제공한다.

이러한 맥락에서 프란치스칸들은 그들 가족의 영적 삶 속에서 일정 시기 동안 상당 부분 보존되어 왔던 프란치스코의 마리아 영성의 두 가지 다른 차원(여왕이시고 하느님의 영광스런 어머니이시지만 또한 가난하신 동정녀이고 어머니이신 마리아)의 균형을 회복함으로써 현대 마리아론에 이바지할 필요가 있다.

4. 충돌과 폭력이 난무하는 세상에서 평화 증진 활동으로 형제애를 증언하고 제시함

프란치스칸적 인간은, 인간과 친교하기 위해 가난하고 겸손하게 되신 사랑이신 하느님과 나누는 친밀함으로 현재 여러 지역에서 다양한 형태의 인종적 편견과 폭력으로 고통과 상처를 입고 있는 인간 안에 형제애를 건설해야 할 특별한 사명감을 느끼게 된다.

창립시기부터 프란치스칸 가족은 형제애라는 가치를 모든 방면에서 소중하게 실현해왔다. 왜냐하면 프란치스칸 영혼은 자신을 온전히 비우고 모든 것을 주시며 인간으로 하여금 아무런 제한 없이 자신을 비우고 내어놓도록 촉구하시는 하느님의 사랑을 체험하고 있기 때문이다. 현재 충돌이 난무하고 있는 세상에서 프란치스칸 가족은 복음적인 평화 증진을 위해 노력하고 이를 증언하도록 부름받고 있다는 의식을 분명히 지녀야 한다. 그리고 평화 증진을 위해 어떤 특별한 전략을 제공하려 하기보다 화해와 평화의 '정신'을 확산하도록 노력해야 한다. 프란치스칸 가족은, 프란치스코 성인이 그렇게도 묵상하고 모방하려고 했던 예수 그리스도 안에서 드러난 하느님의 겸손과 낮춤의 모범을 따르는 가운데 자신의 생각과 권리만을 내세우는 자세를 포기하고, 일치를 위해 너그러운 자세로 타인의 생각에 자신을 여는 특별한 형태의 가난을 제시하며, 다툼을 일으키고 형제애를 파괴하는 원인인 대립과 충돌에 맞서야 한다.

오늘날 프란치스칸들은 더욱 평화로운 세상 건설과 평화의 문화 건설에 이바지하기 위해 여러 영역과 분야에서 내적이고 외적이며 사회적이고 정치적인 차원의 평화 증진을 위해 노력함으로써 형제애의 가치를 실천하고 선포하도록 부름받고 있다. 물론 프란치스칸들의 사회적 비중이 평화가 필요한 세상의 운명에 막대한 영향을 끼칠 만큼 큰 것은 아니다. 그렇지만 프란치스칸들은 보잘것없는 무익한 종으로서 진정한 가난과 이탈 정신으로 하느님께서 세상을 충만하게 성숙시키시리라는 희망과 항구함을 지니고 형제애와 화해와 평화의 씨를 뿌리도록 부름받고 있음을 느껴야 한다.[8]

오늘날 프란치스칸들은 형제애와 평화의 영성으로 다양한 경제적,

---

8 이와 관련해 H. von der Bey, «*Der Herr gebe dir den Frieden!*». *Eine franziskanische Friedenstheologie*, Coelde Verlag, Wer/Westf. 1990; T. Matura, *Francesco parla di Dio*, cit., pp.103-115; J.A. Merino, *Visione francescana della vita quotidiana*, cit., pp.124-138.

정치적, 사회적 동기로 모인 인간 공동체 안에서 문화와 종교, 인종이 서로 다른 사람들을 받아들이고 포용하는 것의 가치가 크리스천들과 비크리스천들의 의식 안에 자라도록 하는 데 앞장서야 한다. 현재 다원화된 문화와 종교 안에서 새롭게 태동하고 있는 공동체 현실은 타종교에 대해 참으로 열려 있는 크리스천 영성이 되기 위한 시험대이다. 편견과 단절과 거부의 원인은 많고 심각하다. 그렇지만 이러한 새로운 시대적, 역사적 현실은 진정한 문화적 회심과 영적 회심을 요구한다. '사라센인들'과 가난한 이들과 하느님의 모든 피조물을 향해 근본적으로 열려 있던 프란치스칸 영성 전통은 오늘날 열린 태도와 이해심과 포용력으로 그들의 형제자매들이 현대의 '착한 사마리아인'이 되도록 촉구하고, 가난하고 손님이셨던 예수 그리스도(참조: 비인준회칙 9,5)의 말씀과 행위를 따르는 참된 제자들임을 드러낼 수 있도록 프란치스코의 아들들의 정신과 마음에 영감을 불러일으켜야 한다.

5. 해방을 위해 투쟁하고 있는 가난하고 소외된 이들과 연대함

프란치스칸 가족이 가난 정신으로 평화 증진을 위해 항구하게 노력하면서 형제애를 증언한다고 해서 정의와 자신들의 권리를 위해 투쟁하고 있는 가난한 이들과 소외되고 착취당하는 이들과 구체적으로 연대해야 할 임무에서 완전히 면제되는 것은 아니다. 프란치스칸 정신은 작은형제회의 회원들이 속한 사회, 문화, 경제, 정치 상황에 따라 이 같은 가치의 확립을 위해 실제로나 사변적 차원에서 다양하게 노력해야 한다. 프란치스칸들이 수행해야 할 이 같은 임무의 강조점은 다양한데 이러한 임무가 실천을 지향하는 프란치스칸 영성의 구성 요소라는 점에는 의심의 여지가 없다.

인간을 억누르고 멸시하며 살해하는 모든 종류의 종속과 압제에서 인간을 해방시키려는 문제는 언제나 있어왔던 인간의 문제이고, 이는 오늘날 이른바 제3세계와 제4세계 뿐 아니라 제1세계에서도 비록 형태는 다르지만 중요한 사안이다.

제3세계와 제4세계의 사회, 문화 상황에서 프란치스칸 현존과 관련해 프란치스칸 정신은 성인의 크리스천 체험의 원천으로 되돌아가고 프란치스칸 정신의 가장 참된 성격과 조화를 이루면서, 가난한 이들 사이에서 가난하고 비천하고 멸시받는 사람들과 함께(참조: 비인준회칙 9,2), 가난한 이들의 사람으로서 그들에게 사회적으로나 교회적으로 협력할 필요를 느끼고 있다.[9] 타인들의 폭력과 불의로 가난해졌지만, 예언자들의 하느님과 그들의 맏형이신 예수 그리스도께 사랑받으며, 형제애와

---

[9] 차이점을 주목할 만하다. 가난한 사람들 사이에서 가난한 사람들의 사람으로 산다는 것은, 참으로 가난하지 않은 사회적 상황 속에 있으면서 단지 가난한 이들을 돕기 위해 그들에게 가는 것뿐 아니라 가난한 이들의 상황을 실제로 자신의 것으로 삼는다는 것을 의미한다. 단지 정감적인 차원이 아니라 이 같은 실제적인 사회적 이동은 아씨시의 가난뱅이 프란치스코의 제자인 프란치스칸들에게 언제나 도전이었다. 이에 대해 L. Boff가 쓴 *Francesco d'Assisi. Un'alternativa umana e cristiana*, Cittadella, Assisi 1983, pp.97-104를 참조할 수 있다.

나눔이 통치하는 세상을 창조하기 위해 해방과 자유를 위한 투쟁에 매진하는 인간들은 특히 프란치스칸들이 우선적으로 선택하여야 할 대상이다. 이러한 선택 안에서 프란치스칸들은 대단히 수월하고 참되게 그들의 창설자가 지녔던 특별한 신앙의 눈으로 겸손하고 가난하신 하느님의 얼굴을 재발견할 수 있을 것이다. 동시에 하느님과 그리스도 안에 바탕을 두고 있는 가난에 대한 예언자적인 선택으로 모든 것을 상대화하고 각 인간 개인을 근본적으로 최고선이고 유일한 선이신 하느님께로 인도하는 필요성을 부자와 빈자에게 드러내 보일 수 있을 것이다. 만일 프란치스칸 영성이 오늘날 이러한 차원에서 이바지할 수 없다면, 이는 크리스쳔적이고 인간적인 의식과 감수성을 외면하는 것이다.[10]

그런데 프란치스코의 제자들 상당수가 소위 말하는 제1세계에 있다. 제1세계에서도 프란치스칸들은 신앙생활의 차원에서 크리스쳔 현존의 풍요로움을 위해 유익한 영성적인 공헌을 해야 한다. 라틴 아메리카의 신학자들은 여러 해 전부터 유럽과 북반구의 '해방'에 대해서도 갈수록 더 분명한 어조로 얘기하고 있다.[11] 이는 제3세계와 제4세계의 해방과

---

10 L. Boff의 흥미로운 성찰을 참고할 수 있다: «…*Y la Iglesia se hizo pueblo*», *11장: San Francisco de Asís, abogado de la opción por los pobres*, Sal Terrae, Santander 1986, pp.187-205. 또한 cf. B. Tapia, *Lectura franciscana de la realidad actual de América Latina y del mundo*, in «Quadernos Franciscanos» 25 (1991), pp.3-19; Id., *Identidad del franciscanismo en América Latina del futuro*, in Carth VIII (1992), pp.773-836.

11 해방신학자들은 이미 여러 해 전부터 북반구 해방의 필요성을 주장하였다. 이러한 필요성은 북반구의 문화, 교회 상황 안에서 연구해온 신학자들도 이미 느꼈

는 다른 해방으로 경제적, 사회적 해방이라기보다 문화적, 사회적, 정치적, 인간학적 해방과 관계된 문제이다. 여기서 촉진되어야 할 가치는 동유럽이든 세계의 다른 지역에 살고 있는 형제들이든 타인에게 열린 자세, 비폭력, 풍족하게 '소유'하고 '소비'하는 차원보다 '존재'의 차원에서 인간 성숙을 도모하는 삶의 질적인 차원이다. 이러한 목표를 실현하기 위해서도 프란치스칸들은 책임감을 느껴야 하고 겸손과 낮음의 정신으로 활동력과 사고력을 제공할 수 있어야 한다.[12]

6. 더욱 살만한 환경을 만들기 위해 이바지하는 영성

비록 제1세계에서 가장 활발하지만 제1세계뿐 아니라 현대의 문화적 감수성 가운데 가장 생동감 있게 드러나고 있는 문제 가운데 하나는 이 세상을 살만한 땅으로 만드는 일이다. 이러한 새로운 문화적 분위기 속에서 프란치스칸 정신은 생태학적 주제에 가치 기준을 제공하는 것을 자신들의 의무와 임무로 여겼고, 세상 안에 사는 것의 영성적 가치

고 촉구한 바 있다. 이들의 주장은 A. Rizzi, *L'Europa e l'altro*, Paoline, Cinisello Balsamo 1991에서 볼 수 있다.

12 1991년 10월 15-22일 아씨시에서 열린 '유럽 프란치스칸 회의(Capitolo del francescanismo europeo)'는 프란치스칸들의 살아 있는 감수성이 이 영역에서 발휘되기 시작했다는 표지이다. 이 회의 기록인 *Europa oggi e domani. Quale contributo francescano alla costruzione dell'unit europea?*, Assisi 1991을 참고할 수 있다.

에 관심을 기울이며 성찰의 주제로 삼기 시작했으며 신학적,[13] 영성적,[14] 윤리적[15]으로 생태학 문제를 숙고하기 시작했다.

생태학적인 주제와 관련해 프란치스칸 영성이 했던 역할을 평가하기란 쉽지 않은 일이다. 사실 프란치스칸 영성이 이 분야에서 선구자는 아니었다. 프란치스칸 영성은 최근에 다른 분야에서 나온 제안(이러한 제안들은 종종 프란치스코 성인의 증언에 따라 촉구되었다고 할 수 있다)에 자극받아 프란치스칸 전통이 가지고 있던 중요한 요소들을 재차 끌어내기 시작했다. 이러한 가치를 확산하고 실현하기 위해 생산적인 기여를 하면서 생태학 문제를 올바르게 이해하고 이론과 실천 차원에서 건전한 원리와 합리적인 시각에서 다룰 수 있도록 새로운 아이디어들을 제공하고 있다.[16]

---

13 Cf. J. Moltmann, *Dio nella creazione. Dottrina ecologica della creazione,* Queriniana, Brescia 1986; J.L. Ruiz De La Pe a, *Teologia della creazione,* Borla, Roma 1988; I. Sanna, *L'uomo via fondamentale della Chiesa,* Dehoniane, Bologna 1989^2, pp.371-431: Teologia e ecologia; G. Panteghini, *Il gemito della creazione. Ecologia e fede cristiana,* Messaggero, Padova 1992.

14 Cf. S. Spinsanti, *Ecologia,* in S. De Fiores-T. Goffi, *Nuovo dizionario di spiritualità,* Paoline, Alba 1979, pp.440-465; 스페인어 «Revista de Espiritualidad»의 1987년 n. 182.

15 특히 A. Auer, *Etica dell'ambiente,* Queriniana, Brescia 1988 (ted. 1986); A. Autiero, *Ecologia e teologia. Senso e implicazioni di un rapporto,* in RdT, n. 5 (1983), pp.447-457.

16 K.J. Verleye, *S. François et la protection de l'environment,* in Laur 18 (1977), pp.314-337; J.A. Merino, *Umanesimo francescano ed ecologia,* in VM 33 (1991), pp.323-332; 449-462 (in spagn. *Humanismo franciscano y ecologia,* in «Quadernos Franciscanos» 24 [1990], pp.499-512 e Itin 337 [1991], pp.183-213).

이 과정에서 특히 중요한 기준점은 물론 프란치스코이고 자연을 향해 열린 그의 태도이다. 그에게 자연이란, 하느님께서 당신의 선함과 지혜를 드러내고 인간이 피조물들을 향유하고 그들과 친교하며 인간성을 최대로 실현하고 피조물을 통해 하느님께 찬미와 감사를 드리게 해주는(참조: 태양; 1첼 80-81; 2첼 165; 대전기 9,1) 장이다. 프란치스칸 영혼은 이 영역에서 프란치스코 외에도 다른 많은 순간과 인물, 특히 『하느님께 이르는 영혼의 여정』에 나타난 성 보나벤투라의 세상의 상징에 대한 신학, 프란치스코에 대해 쓴 전기 작품의 여러 구절, 『잔꽃송이』 등에서 영감과 자극을 얻을 수 있다. 이렇게 위대하고 의미심장한 전통과 더불어 프란치스칸 영혼은 인간이 세상을 도구화하여 조작하려 하기보다 더욱 관조적인 자세로 다가서고 유용하게 활용하려는 태도로 세상에서 살도록 현대인들이 아직까지 체험하지 못하고 실현하지 못한 영역을 펼쳐보여야 한다.[17]

그러나 프란치스칸 영성은 너무 순진해서는 안 된다. 다시 말해 그 단순함과 순수함이 현대의 여러 생태 운동 안에 있는 자연주의적, 감상주의적, 범신론적 성향과 같은 이상주의적 견해의 도구로 전락되지 않도록 해야 한다. 프란치스칸 영혼은 프란치스코의 체험과 인간에게 세상을 선사해 주신 창조주 하느님에 대한 프란치스칸적 의미를 자신의 밑바탕에 두는 가운데, 세상의 현존을 만끽하고 아름다움을 관상하며

---

17 이러한 주제와 관련해 J.A. Merino의 흥미로운 성찰은 *Visione francescana...*, cit., pp.189-211: Dalla natura inospitale al mondo come dimora.

인간의 생존과 복지를 위해 세상과 그 힘을 '지혜롭게' 사용해야 한다.[18]

7. 창조주 하느님 안에서 세상 실재에 대한 신비 체험

오늘날 프란치스칸 영성은 '뉴 에이지'가 확산시킨 영성적 전망의 도전을 받고 있다. 앞에서 이미 말했듯이, 뉴 에이지는 인간 개인의 의식이 단일한 에너지로 구성된 세상과 일체를 이루고 개인이 전 우주와 하나라고 느끼는 것을 지향하는 신비주의적 영성과 관련된 문제이다.

여러 크리스천 사상가들이 이 영성 운동이 지니고 있는 의미심장한 요소를 검토하고 있는데, 그리스도와 창조주 하느님에 대한 믿음으로 인간이 우주 안에 생동감 있게 참여하고 자신을 우주의 한 부분으로 느낄 수 있다는 점을 드러낸다.[19] 그 가운데 상당수가 테이야르 드 샤르댕

---

18 프란치스칸들이 이바지하고 확산해야 할 '생태학적 지혜'에 대해, J. Carmody, «Saggezza ecologica» e la tendenza a una rimitologizzazione della vita, in Conc XXVII (1991), pp.115-124.

19 J. Sudbrack, La nuova religiosità, cit.를 참고할 수 있다. 이 저자는 이 주제를 다룬 다른 책도 썼다. 두 권을 소개하면, Die vergessene Mystik und die Herausforderung des Christentums durch New Age, Echter, Würzburg 1988; Mystische Spuren, Echter, Würzburg 1990. 이 책에서 저자는 길게 한 장 전체를 할애해(pp.219-250) 뉴 에이지가 크리스천 신비주의에 심어준 문제들을 다루고 있다. 최근에 G. Schiwy가 뉴 에이지와 그리스도교 사상 사이의 화해를 시도한 Lo spirito dell'Età nuova. New Age e cristianesimo, Queriniana, Brescia 1991 (ted. 1990)은 종파 화해론적 입장을 지나치게 내세우고 있고 피상적이라고 해야 할 것이다. 몇몇 독일 학자들이 더욱 엄밀한 방법으로 접근한 책이 출판되었다: B. Hanecke-K. Huttner

이상으로 아씨시의 프란치스코를 정신적 삶의 우주적 차원을 경이로운 방식으로 실현한 인간으로 본다. 성인의 증언 속에서 크리스천 신앙이 이 방면에서 보여줄 수 있는 가능성을 이상적으로 실현했던 예라고 보고 있다.[20]

현재의 프란치스칸 영성과 프란치스칸들은 이 같은 요청과 필요성에 귀기울이면서 이러한 영적 요구를 지각할 수 있는 선구자여야 하고 성 프란치스코와 프란치스칸들(성 보나벤투라,[21] 『잔꽃송이』)이 지녔던 우주적 감수성의 가치를 현 시점에서 제대로 평가할 수 있어야 한다. 프란치스칸들은 이 방면에서 이미 활약하기 시작했다.[22] 이제 더 나아가 자연과 만나고 접촉하기를 갈망하는 세상에서 공리주의적이고 도구적인 시각

(edd.), *Spirituelle Aufbrüche. New Age und «Neue Religiosität» als Herausforderung an Gesellschaft und Kirche*, Pustet, Regensburg 1991.

20 Sudbrack은 자신의 글에서 특별히 프란치스코 성인이 심오한 하느님 체험과 자아 체험 안에 세상을 포함시킨 크리스천 신비주의 경향을 증언해 주는 인물이라고 보고 있으며 Mystische Spuren에서는 프란치스코를 아홉 번이나 언급하고 있다.

21 Sudbrack은 『하느님께 이르는 영혼의 여정』 1장의 여러 구절을 인용하면서 다음과 같이 적고 있다: 자연에 대한 프란치스칸적인 사랑과 현대적 의식과 감수성을 지닌 이러한 형태의 묵상은 그것이 자연이든, 육체이든, 예술 작품이든, 사랑 체험에 대한 것이든 우리가 살고 있는 세상에 더욱 민감해지도록 도와주는 수많은 묵상 방법과 부합된다: cf. *Mystische Spuren*, p.34. 이는 프란치스칸적 신앙생활의 영적, 우주적 차원을 현대화하는 한 방법이다.

22 몇 가지 참고 문헌을 소개하면 다음과 같다: M. De Marzi, *L'ecologia e Francesco d'Assisi*, Borla, Roma 1982; J.A. Merino, *Umanesimo francescano ed eclogia*, in VM 67 (1991), nn. 4, 5 e 6, pp.323-332, 449-462, 511-525; U Sartorio, *«Laudato si mi Signore». Francesco d'Assisi, un cristiano riconciliato con la creazione*, in «Credereoggi», n. 70 (4/1992), pp.54-67; Merino, *Visione francescana*, cit., pp.157-188; Id., *Umanesimo francescano ed ecologia*, cit.

을 넘어 프란치스칸들의 신비적 영감이 열매를 거두도록 더욱 노력해야 할 것이다.[23]

8. 불확실하고 낯선 곳을 향해 열려 있는 '지상 순례'의 영성

모든 것이 급속히 변모하고 그 어떤 것도 확실한 것이 없으며 다양한 형태의 반발과 역행이 나타나고 있는 세상에서, 제2차 바티칸 공의

---

23 이와 관련해 몇몇 작품을 열거할 수 있다: I.W. Frank, *Frömmigkeit und Gotteserfahrung des hl. Franziskus*, in I.W. Frank, *Franz von Assisi. Frage auf eine Antwort*, Düsseldorf 1982, pp.34-100. 저자는 두 가지 형태의 신비주의를 구분하고 있는데 하나는 '비우주적'이고 다른 하나는 '우주적'이다. 저자는 프란치스코가 이 두 가지를 조화롭게 실현했다고 주장한다. O. Schmucki는 프란치스코 성인의 신비주의를 다룬 그의 연구 *La mistica de San Francisco de Asís a la luz de sus escritos*, in SelFr 20 (1991), pp.355-390(본래 독일어로 된 것은 1986년)에서 프란치스코의 '우주적' 신비주의에 여러 장을 할애하면서 다른 요소(신 중심적, 삼위일체적, 그리스도론적, 성체성사적 요소)들과 관련짓고 있고 그 신학적 뿌리와 방향을 지적하고 있다. 성인은 피조물과 우주를 창조주 하느님 안에서 한 형제요 자매로 불렀다. 그는 "우주적 일체감을 갖고"(M. Scheler) 피조물과 우주와 함께 창조주 하느님께 찬미를 올렸고 감사했다: cf. pp.381-390. M. Scheler가 프란치스코가 신비주의에 이바지한 바를 지적한 구절을 옮겨보는 것도 좋을 것이다: 프란치스코는 "유럽 역사의 영혼과 정신을 창조한 사람들 중에서 가장 빼어난 인물이다. 그는 존재들에게 애정을 다하여 생동적이고 우주적인 일치를 이루었고, 아래를 내려다보지 않고 위를 올려다보는 사랑 그리고 예수의 사랑과 동일시되는 그리스도교의 열매인 온전한 자비심, 인격적 사랑의 신비와 함께 자연의 삶을 생생한 과정을 거쳐 종합하고 일치시키는 데 심혈을 기울였다. 이것은 성인에게 커다란 모험이었다.": 이 구절은 J.A. Merino가 *Visione francescana...*, cit., p.30에서 *Wesen und Formen der Sympathie*, Bonn 1931, p.130에 있는 내용을 재인용한 것이다.

회와 그 이후 지상 여정 중인 교회의 의미(참조: 특히 「교회헌장」 7장)를 되찾은 크리스천 영성은 되어감의 차원과 단편성의 의미, 고착화된 삶의 양식과 관습에 반대하는 변화와 이탈의 가치를 신앙생활 안에서 통합해 가고 있다.

프란치스칸 가족은 자신들의 참된 영성적 전통을 통해 개인적이든 교회 공동체 차원에서든 아직 충분하게 실현되지 못한 역동성의 가치를 재평가하는 데 새롭고 고유한 방법으로 이바지할 수 있다. 사실 프란치스칸 가족의 영성은 역동적이고 유동적이며, 신적이고 영원하지 않은 것에서 이탈하고 그것을 상대화하려는 성향을 지니고 있다. 프란치스칸 가족으로 하여금 모든 것을 포기하도록 했던 하느님의 절대성에 대한 뜨거운 열망은, 모든 문화 상황과 시대와 장소에서 그들이 이방인이고 순례자라는 자각을 되살려주었다. 또한 비록 모든 상황과 사물이 유익하고 결코 포기할 수 없는 것이라 할지라도 모든 것을 일시적인 것으로 여길 수 있는 영성을 그들에게 새겨 주었다.

그 때문에 프란치스칸 영성은 본질적으로 변화에 유연하고 임시적이며, 희망 안에서 새롭고 낯선 미래에 민감하고, 하느님의 우선성과 절대성을 투명하게 증언하는 것만을 유일하게 염려하는 영성이다. 또 프란치스칸 영성은 하느님과 그분의 성령만으로 만족하고 다른 어떤 것도 찾지 않으며, 미래에 이루어질 하느님 나라의 절대성을 믿을 만한 표지로 드러낼 수 있는 크리스천 실존만을 추구하는 가난함의 영성이어야 한다.

프란치스칸 정신은 여러 문화 맥락 속에서 현대의 다양한 역사, 교회 상황이 요구하는 인간적, 크리스천적 바람과 조화를 이루는 가운데 하느님의 절대성을 드러내야 한다. 거기에 다다르기 위해 지나야 할 힘난하지만 투명하고 확실한 길인 '겸손하고 가난하고 십자가에 못박히신 그리스도 추종'에 바탕을 두고 있는 프란치스코 성인의 고유한 종말론적 감수성으로 크리스천 영성의 종말론적 긴장을 생생하게 유지해야 한다.[24]

오늘날 프란치스코 성인의 신앙 체험과 프란치스코 수도회의 높은 영적 전통이 지닌 영성적 전망을 현실화하기 위해 노력하고 있는 프란치스칸 영성은 고유하고 창조적인 방법으로 현대의 크리스천 영성에 이바지해야 할 것이다.

---

24 성 프란치스코의 종말론에 대해 L.E. Larra, *Aspectos escatol gicos en los escritos de san Francisco de Asís,* in MiscCom 49 (1991), pp.99-156을 참조할 수 있다.